稳定币

王剑　朱芳草◎著

SPM 南方传媒 | 广东经济出版社
·广州·

图书在版编目（CIP）数据

稳定币 / 王剑，朱芳草著. -- 广州：广东经济出版社，2025. 8. -- ISBN 978-7-5454-9743-4

Ⅰ. F713.361.3

中国国家版本馆 CIP 数据核字第 2025QM6751 号

特约策划：中刻文化
责任编辑：周伊凌　许　璐　于明慧
责任校对：李玉娴　陈运苗
责任技编：陆俊帆
封面设计：刘红刚

稳定币
WENDINGBI
出 版 人：刘卫平
出版发行：广东经济出版社（广州市水荫路 11 号 11 ～ 12 楼）
印　　刷：佛山市迎高彩印有限公司
　　　　　（佛山市顺德区陈村镇广隆工业区兴业七路 9 号）

开　　本：787 mm×1092 mm　1/16　　印　　张：13.75
版　　次：2025 年 8 月第 1 版　　印　　次：2025 年 8 月第 1 次
书　　号：ISBN 978-7-5454-9743-4　　字　　数：190 千字
定　　价：58.00 元

发行电话：（020）87393830
如发现印装质量问题，请与本社联系，本社负责调换

前 言

2013年，比特币价格暴涨，很多人在这个时候第一次接触到了加密货币，“区块链”“去中心化”等概念在中国迅速流传开来。

狂热的资金、快速的技术传播与胆大的创业者将区块链叙事推向了公众视野，却鲜有人提及加密货币背后所隐藏的巨大风险。

从一开始的谨慎试探，到逐步收紧政策，再到后来的全面清退，面对加密货币热潮所带来的一系列社会问题、经济问题，监管部门不得不用重拳来遏制其野蛮生长。然而，事物总有其两面性。在发展多年之后，加密货币逐渐向合规靠拢，其中最大的技术成果便是稳定币。

由于锚定了法定货币等稳定资产，稳定币在很大程度上解决了加密货币疯狂涨跌的问题，也越来越被国际社会所接受。近年来，很多大型支付机构纷纷开始接受使用稳定币进行结算，一些国家的金融监管部门也尝试通过立法与监管让稳定币在金融活动中的使用更合规。

这样的发展态势给我国带来了新的挑战。目前，由于体量较大的几种稳定币币种都锚定美元，所以由美元主导的跨境稳定币已成为全球最火热的资金水管。如果人民币长期缺席，那么国际支付的话语权势必向美元倾斜。

在这样的情形下，我国监管机构的态度悄然发生了变化。为了巩固货币主权，我国在严堵私营加密货币的同时，加快推出由国家主导的数字货币。早在2017年，我国便启动了数字人民币的研发试验，到2020年推出试点。2022年，数字人民币试点范围大幅扩大，从原来的“10+1”个地区拓展到15个省市的23个地区。

在稳定币上，我国的监管出现了新举措。香港金融管理局（HKMA）于2024年3月推出稳定币发行人沙盒，允许有意在香港发行稳定币的机构在受控环境下测试其稳定币的发行流程和业务模式。2024年7月公布首批参与稳定币发行人沙盒的机构名单，京东币链科技（香港）有限公司等3家机构获准进行测试。2025年5月21日，香港通过了《稳定币条例》，并于2025年8月1日正式生效。同时，我国进一步引导加密领域创新。

本书便创作于这样的时代背景之下。作为金融科技领域的新基石，稳定币的出现不仅是技术进步的产物，也是全球货币格局变化的缩影。它继承了区块链的开放、透明和高效，又借助锚定机制为加密世界带来了前所未有的“稳健”，成为数字经济中的新型价值桥梁。

稳定币的发展并非一帆风顺。如何保证锚定资产的真实与充足，如何防范技术和合规风险，如何在全球范围内实现有效监管，都是摆在政策制定者、金融机构和科技创业者面前的现实课题。从美元锚定币USDT和USDC，到以太坊生态系统中的去中心化稳定币DAI，再到我们期盼的人民币锚定型稳定币，不同的模式、机制与监管路径交织在一起，推动着数字货币世界的不断演变。

对于中国而言，稳定币不仅关乎货币技术，更关乎国家金融安全与国际话语权。如何既守住风险底线，又抓住数字化变革带来的机遇，是我们必须思考的问题。在监管创新与市场创新并进的今天，关于稳定币的话题已不再只是技术圈、金融圈的内部对话，而是关乎每一个人的重要命题。

出版本书的目的，正是希望通过清晰易懂的语言，将这个既前沿又复杂的领域介绍给更多读者。本书从货币的本质谈起，带领大家理解比特币的原理与局限，再到稳定币的机制创新、风险与监管实践，全面梳理全球稳定币的现状与发展趋势。同时，本书也展望了中国在全球数字金融格局中的未来可能。

希望本书能帮助你洞悉稳定币背后的逻辑，理解其带来的新挑战与新机遇。无论你是金融从业者、科技创业者，还是普通关心数字经济的读者，都能从中获得启发，理性看待数字货币的未来。

在这本书的撰写过程中，笔者得到了许多同人的无私帮助和支持。他们动用了宝贵的学术资源，并倾注了极大的热情，为本书的创作保驾护航。在这里，笔者再次感谢他们的宝贵建议，是他们让本书的内容更加丰富和全面，对此笔者深表感激。

由于时间和水平所限，书中难免存在不足与疏漏，恳请广大读者批评指正，以便我们在今后的研究和写作中不断完善、不断进步。

最后，我们相信，这本书能给你带来新的思考和启示。同时，我们也希望它能为你的学习、工作和生活提供切实的帮助和指导。让我们共同迎接由新金融时代孕育，正在改变世界的变革浪潮。

目　录

Contents

入门篇

钱之所以是“钱”——从物物交换到加密货币

详解篇

让币“稳住”的方法——稳定币的锚定机制

入门篇

钱之所以是“钱”
——从物物交换到加密货币

本篇将带领读者回到货币诞生的原点，思考人类的经济活动是如何演变为今天这种局面的。

第一章

信任的演化——货币简史

货币的历史就是信任的历史，货币的发展也是人类社会对价值载体不断探索的过程。

为了讲清楚稳定币到底是怎么一回事，还是要从很久很久以前说起。

第一节　物物交换的难题

在货币诞生之前，人类社会主要依靠物物交换来进行交易。这个很好理解，就是用一种物品去换取另一种物品。这种方式虽然听起来简单直接，可真正实施的时候却有很多问题。

· 你手里的东西不一定是我想要的

有一个牧羊人，他今天想吃麦子，于是他找到一个种麦子的人，想用手里的羊跟他换。可问题来了，如果种麦子的人并不想要羊，而想要一条鱼呢？交易就没法进行下去了。

这种情况在经济学里有个专有名词，叫“需求的双重巧合”，意思是交易双方恰好都想要对方提供的物品。而现实中，这种巧合并不是随时都能有的。最后的结果可能是牧羊人得跑遍整个村子，找到想要羊的人，换一把石斧，再拿着斧子去换别的东西，绕一大圈才能拿到一袋麦子。

一圈下来，交易成本会变得特别高，牧羊人得花大量的时间和精力才能完成交易。

· 一只羊到底值多少

就算牧羊人运气好，找到了一个想要羊且种麦子的人，可新的问题又来了：一只羊到底能换多少麦子呢？

这可不是随便拍脑袋就能决定的。在物物交换的世界里，没有统一的计价单位，也就是我们今天所说的“价格标准”。衡量每种物品的价值要么靠惯例或共识，要么靠交易双方的临时协商。

牧羊人觉得他的羊很壮，起码能换一整车麦子，可对方却觉得今年收成不好，最多只能给他半车麦子。双方争来争去，不仅浪费时间，还可能因为谈不拢而闹得不愉快。更麻烦的是，因为没有一致的标准，所以每次交易都要重新定价。

· 难以分割和无法储存的问题

物物交换还有个让人头疼的难题，很多用来交易的物品要么不好分割，要么不好保存。

比如，如果一只羊能换一袋麦子，而牧羊人只想要半袋麦子，可羊是活的，总不能把它劈成两半吧？劈开之后就只能吃肉了，羊的价值就低了很多。因为没法精确地找零，这种不可分性就让交易变得很尴尬。

有些物品的储存也是个大问题。像粮食这样的东西，时间长了就会发霉腐烂；活羊活鸡还得喂养，成本也不低。如果交易没能及时完成的话，这些物品的价值就会打折扣，说不定最终还会烂在自己手里。

正是因为这些难以解决的问题，人们开始琢磨：有没有一种东西能让交易变得更简单高效？能不能找到一种大家都接受的中间物，既能代表价值，又方便人们随身携带？带着这样的需求，人类社会逐渐迈向下一站——货币。

第二节　交易的中间物：货币

为了解决以物易物的烦恼，人们开始寻求“交换桥梁”——一种大家都愿意接受的东西来充当交换媒介。这种交换的中间物就是后来被称为货币的东西。

· 一般等价物

首先，我们要明白的是，货币同样是一种货物。只不过这种货物得到了所有人的认可，即人们承认它所代表的价值，所以它才能充当所有交易的交换媒介。

那么，交换媒介是怎么运作的呢？举一个简单的例子。村里的老刘精于编草鞋，邻里都非常认可他的手艺。有一天，杀猪的老张拿着猪里脊去找种枣的老关换点枣吃，可是到老关家后却发现，老关已经跟人换了些羊肉。那时候没有冰箱，肉囤多了会坏，于是老关就不想要老张的猪里脊了。

但是，老关却看上了老张挂在身旁的几双草鞋，一打听是老刘编的，他便拿来了半筐枣给老张，换走了这几双草鞋。等到家里的羊肉吃完后，老关就拿着草鞋又找到老张，换了些新鲜的猪肉回家。这样一来一回，这几双草鞋就成了“肉—枣”交易的中间物，将交易的链条变为“肉—鞋—枣”。在这场交易中，草鞋就是货币。

货币可以跟任何商品进行交换。因此，经济学上也称它为“一般等价物”，即它是一种被普遍接受的等价交换媒介。说白了，使用货币进行交易是更高层次的物物交换。只不过对于货币这种一般等价物，人人都认可它。因为它更加轻便，也更容易储存，于是整个交易链条便被优化了。

汉语中“货币”这两个字本身也隐藏着有趣的货币起源故事。“货”字是上下结构，本义可以理解为“化贝”，也就是可以转化成贝壳的财物——在远古时期，贝壳曾被当作货币。因此，许多和金钱有关的汉字都有一个“贝”字旁，比如“贾”“购”“贫”“财”等字都含有该部首。至于“币”字，它在古代指布帛。很久以前，布匹十分贵重，一度被用作交换的中间物；战国时期的一种货币就被称为“布币”。由此可见，“货币”二字本身就记录了早期的货币形态：贝壳和布帛。

货币之所以能成为交易的中间物，关键在于信任。事实上，无论是贝壳、金属还是纸币，只要大家相信这东西真的值钱，它就可以充当货币。不要觉得草鞋成为货币是件很不可思议的事情，在不同的时代和文化中，很多东西都曾扮演过货币的角色。在一些古老部落中，牛、羊、谷物都曾被当成货币；而在今天的某些特殊环境中，比如某些国家的监狱里，香烟也成了一种流通货币。可见，只要大家认可，什么都可以是钱。

在本书后续的内容中，我们会看到，“信任”这个词贯穿了整个货币发展史，直到今天依然如此。

· 货币的基本功能

货币诞生之后，一直履行着三个最重要的功能。

1.流通手段

在交易中充当中介是货币最直观的功能。在优化了物物交换的交易模式之后，去市场买菜时，我们不需要直接拿鸡蛋去换蔬菜，只要用货币就可以买到想要的菜。卖菜的人既拿到了钱，又可以去买他需要的东西。货币让商品和商品之间不必直接对换，通过一个缓冲环节，极大地降低了交易难度。

2.价值尺度

有了货币之后，商品的价值也有了统一的比较标准。这件东西值多少钱，那件东西值多少钱，都可以以货币的单位来进行衡量，货币也就理所当然地成为价值的计量尺度。“这头牛值2万元，这只羊值2000元”，这样比较起来就清晰许多。货币作为记账单位，使得人们能够方便地给各种商品标价、算账和比较价值。

3.贮藏手段

不像粮食、肉类等容易变质的物品，在把商品换成货币之后，我们可以把这些货币保存起来，日后再购买别的东西。如果没有货币，今天用多余的几斤肉换来了粮食，但粮食暂时吃不完，时间长了就会变质，不仅会贬值，还占地方；如果把肉换成了货币，那么我们就可以把货币存起来，等真正需要时再拿出来用。因为货币体积小、易保存，而且不会腐烂变质（前提是币值稳定），所以它成了人们储蓄财富的理想载体。

除了上述三个基本功能外，货币在现代经济中还有支付手段、世界货币等延伸功能。但对于老百姓来说，最直观的还是上述三点：好换东西、好算账、好存钱。正是因为货币具备这些实用功能，所以它才成了经济生活中不可或缺的润滑剂，让我们的生活变得更加便利。

第三节　奇奇怪怪的货币

很久以前，在官方铸币还没有诞生的时候，人们为了交换商品，逐渐找出一些大家普遍愿意接受的东西作为交换媒介。这些固定充当一般等价物的特殊商品，就是最初的货币。

在人类历史上，不同文明、不同时代曾经使用过各种各样的商品来充当货币，如贝壳、盐、茶砖、布帛、金属，甚至巨石都扮演过货币的角色。这些普通的物品，为什么能够承担货币的功能呢？它们是如何在各自的文化中扮演货币的角色的呢？本节我们就来看看这些有趣的早期商品货币。

· 大海生产的货币：贝壳

贝壳，特别是某些海产的宝贝壳（如货贝），是世界上最古老也是使用最广泛的货币之一。在我国，考古发现，至少在商代，海贝就已被大量用作货币。

著名的殷墟妇好墓中随葬了6800多枚海贝，四川三星堆遗址的祭祀坑里也埋藏了近5000枚海贝，可见当时贝壳已是财富的象征。贝壳之所以能在古代中原地区脱颖而出，是因为它有着充当货币的各种优点：对内陆居民来说，海贝稀少难得，其外形小巧玲珑，美观耐磨，便于携带和计数。更妙的是，海贝的稀有度恰到好处——既足够珍稀到被视为宝物，又不至于稀少到无法流通。在没有铸币技术的时代，小小的贝壳就像天然铸造的硬币，每一枚大小重量几乎相同，不用切割就能直接用来计价交换，非常方便。

贝币不仅在古代中国流行过，在非洲、南亚、美洲等地的古代社会也广泛出现过使用痕迹。非洲许多地区早期以贝壳（主要是货贝）作为流通货币，甚至长期影响了当地的贸易和政治。欧洲人介入非洲贸易后，曾大量从印度洋地区运贝壳到非洲换取黄金、象牙甚至奴隶。一直到19世纪，西非一些地区依然把成串的贝壳用于市场交易和赋税缴纳，直到20世纪初仍可用贝壳缴税，某些偏远地区甚至延续到20世纪60年代。加纳独立后，在1965年发行的新货币就命名为“塞地”（cedi），这个词在当地语言中意为“贝壳”。可见，贝壳曾长期扮演货币的角色。

当然，你可能会好奇：既然海贝这么值钱，那住在海边的人岂不是捡一堆贝壳就发财了？事实上，并不是所有的贝壳都适合被用作货币，古人挑选的多是特定种类的小型海贝（主要是货贝属）。这些贝壳产于热带海域，在内陆并不常见。考古研究表明，中国古代使用的贝币大多来自遥远的南海、孟加拉湾，甚至马尔代夫群岛，通过进贡和贸易辗转运抵中原。沿海的人们并不能随意拾取当地的贝壳用作货币，因为大多数贝壳要么数量太多不够稀罕，要么形状和耐久度不符合货币的要求。而贝壳货币的价值来源于它的稀缺性和普遍接受度。当每个人都相信贝壳代表一定价值时，贝壳就超越了装饰品的身份，成为财富的象征。

可以说，小小的贝币见证了华夏文明早期的贸易繁荣，也为我们留下了“贝”字形的文化印记。

· 沉重的财富：石币

说完贝壳这种小巧的货币，我们再来看看“重量级”货币。位于西太平洋的雅浦岛曾流通世界上最大的货币：石币。这些石币是用石灰岩雕琢成的圆盘，中间有一个孔。石币的尺寸差异极大，小的直径只有几厘米，大的直径有3.6米、厚0.5米，重量约4吨，堪称“石中巨无霸”。由于雅浦岛当地不出产此类石灰岩，所以这些大型石币都是数百年前岛民远航到数百千米外的岛屿运回的。在没有机械的年代，光靠人力搬运几吨重的石头，可想而知石币在当地有多珍贵。

雅浦人的石币主要用于重大交易和礼仪赠予的场合，如嫁妆购置、土地购买、部落赔偿等。有趣的是，那么大的石币很难搬来搬去，交易时也不需要把石币挪走。雅浦人采用的是一种聪明的记账方式：将每块石币的来历和所有权都通过口头传承记录在案。当石币的所有权发生变更时，他们只需在部落中宣布“××的那块石头现在归××了”，石头仍放在原地不动，但大家都承认它已经完成了易主，相当于完成了一次支付。还有一个著名的故事，一块石币在海上运输时不慎沉入海底，但岛民们决定照样认可其价值，只要知道石币大致在哪儿，所有权就可以照常转移。这听起来是不是很像今天的电子货币或者银行账面的余额？大家根本不需要看到钱在哪里，只要共同相信账面上的数字，财富就能完成转移。

现代经济学家经常引用雅浦岛石币的例子，说明货币的价值其实源自“共同的信任”（collective belief）。雅浦岛的石币一直沿用到20世纪初，直到美国统治者引入美元后才逐渐停止将其作为日常货币。但这些石头至今仍留在村落里，被当地人视为文化遗产和身份地位的象征。对于雅浦人来说，一块石币所蕴含的历史和传说赋予了它远超石头本身的价值。正所谓“货币是一种共识”，只要大家都认同，不管是贝壳、小石头，还是几吨重的大石头，都可以是财富的载体。

· “白色黄金”：盐

在没有制盐技术的时代，食盐是一种珍贵且不可或缺的资源。人类需要盐来调味和防腐，但天然盐的获取非常困难，因此盐也被当作等价物来交换其他商品。在一些地区的某些时期，盐甚至被直接铸造成了货币。古罗马士兵的部分薪酬就是以盐的形式发放，“工资”（salary）一词就源自拉丁语“salarium”，原意是“给士兵买盐的钱”，由此可见盐在古代的价值。

中国历史上也出现过把盐铸造成货币的有趣现象。唐代时云南的南诏国就通行一种盐币——当时官府把食盐熬制成固定大小的盐块（每颗约1～2两，唐朝时1两约为37克，南诏国与唐朝的度量衡体系基本一致），作为交易时的计价单位。这些盐币由官府生产，重量统一，并在表面印上特殊标记（如重量、产地等），以确保每块盐币成色一致。一块盐币在当时可以流通很久，因为大家都十分珍惜这种用盐凝结而成的钱。到了明清时期，云南一些偏远民族地区仍然在使用盐币，甚至民国初年还有盐币在市面上当钱花的记录。不过，随着交通和制盐业的发展，食盐供应不再稀缺，盐币逐渐退出了历史舞台。

在非洲，盐同样被视为宝贵的财富。撒哈拉沙漠的商队曾长途贩运盐块，盐被称为“撒哈拉的黄金”。据记载，6世纪时北非的摩尔商人将盐作为贸易凭证，一克盐等于一克黄金，可见盐在当时的价值之高。又如非洲之角的古阿比西尼亚（今埃塞俄比亚），一度用盐块当货币，流通了上百年。至今，中非一些地区仍有以盐交换物品的习惯，可见盐在民间交易中发挥了重要作用。对于生活在无海地区的人们来说，一块盐不仅意味着美味的食物，也意味着财富和生命。因此，在很多语言和文化中，盐与价值和圣洁紧紧相连。

· 可以喝的货币：茶砖

大家都知道茶叶能喝，但可能不知道茶叶压制成的茶砖曾经是真正能花的钱。在中国西南地区与周边游牧民族的贸易史上，茶砖曾一度扮演了硬通货的角色。在交通不便的年代，边疆牧民对茶叶这种生活必需品的需求非常旺盛，而茶叶要从遥远的内地运来，非常珍贵。因此，被压成砖块的茶也逐渐被当作货币来使用。

大约在12世纪时，茶砖已经传播到中亚许多地区，成为那里备受青睐的货币。从经济学的角度来看，茶砖具备货币应有的所有功能：本身有一定价值（能冲泡饮用以提神），可以充当交换媒介，还是财富地位的象征。更棒的是，茶砖重量轻，可以被压制成统一规格。而且茶砖还有一个金属货币和纸币都不具备的优点——在紧急情况下，它可以当作食物或饮料充饥救命。试想，在荒野之中以及战争时期，口袋里的一块茶砖不仅可以买东西，还能补充体力、御寒防困，货币和物资的功能合二为一，也难怪游牧民族会对其情有独钟。

历史上，茶砖曾远销并流通于西伯利亚、中亚、北非等地。在不丹，茶砖充当着货币的角色，一直到19世纪晚期才被英属印度的银卢比逐渐取代。在蒙古族聚居区，茶砖曾经通行百年，被称为可以喝的“硬通货”。清朝康熙年间（1662—1722年），一些晋商、陕商深入蒙古草原，用带去的茶砖直接交换牛、羊等大宗物资，一块上等茶砖甚至能换来一头牛。每块茶砖的规格也是有标准的，有的茶砖上还压有沟槽，方便折断成小块作为零用的散币。一直到今天，在中亚某些偏远地区，茶砖仍被当作货币使用，可见这种传统影响之久。

在物资匮乏的时代，用“可以喝的货币”来进行贸易，不得不说这是人类经济史上一道独特的风景线。

· 可以穿的货币：布帛

在纸币诞生之前，纺织品也常常扮演着货币的角色。我国古代把丝织品（帛）和麻布统称为“布帛”。这些布料不仅是重要商品，也是计价单位和支付手段。我们在史书中经常看到皇帝赏赐功臣多少匹绢帛，或是将官员俸禄折算成几石粮、几丈布等记载。其实，这并不是因为官员拿到布就可以回家做衣服穿，而是因为在当时布帛和粮食本身就是通用货币。从东汉时期到魏晋时期，中国曾多次出现用布帛、谷物充当货币的情形。不管是缴税还是商业交易，人们都可以用布帛和谷物结算。这是由于一些朝代金属铸币系统崩溃，铜钱严重短缺，政府只好默认以实物货币代替。曹丕称帝后，就曾下令允许市场直接用布帛和谷物进行买卖，赋予它们实际的法定货币功能。

为何布帛能当钱用呢？道理很简单，丝绸、棉布都是人们所需要的生活材料，并对其有刚性需求，而高质量的布帛不易获得，具有相对稳定的价值。纺织品具有易切割、可度量的优势，比如一匹绸缎可以裁为几尺，等于把大额拆成小额来用。这有点类似今天使用大面额纸币时的找零行为，只不过古人是用剪刀裁布找零。布帛能长期保存，不会像粮食那样在短期内腐坏。因此，在金属货币匮乏的时期，布帛成了理想的替代货币。直到唐宋以后，铜钱供应充足、交子（纸币）出现，布帛才逐渐退出货币舞台，回归商品本质。

除了中国外，其他国家也有用布帛作为货币的案例。在中美洲的阿兹特克帝国，小块的棉布曾是高价值交易中的主要货币单位。他们将标准尺寸的白棉布称为“夸奇特利”（quachtli），并把它作为大额钞票。每张夸奇特利的价值等于65～300颗可可豆。当时，大宗贸易用布匹结算，一块上等棉布能换不少东西。据记载，20张夸奇特利相当于一个阿兹特克人一年的开销。

在没有金属货币或金属货币不足的经济形势下，棉织物成为一种信任度很高的信用媒介。甚至有学者认为，可可豆在阿兹特克帝国更多是小额找零用的辅币，而夸奇特利才是帝国真正的通用货币。无独有偶，在非洲历史上的奴隶贸易中，欧洲人也曾以棉布交换奴隶——对于一些部族来说，布料比沉重的金属更实用，也更容易衡量价值。所以说，“衣食”二字里的“衣”，某种程度上也是钱啊！

· 成为“钱”的必要条件

我们发现，这些稀奇古怪的商品货币虽然形式各异，但能脱颖而出成为钱，往往具备一些共同特质。

1.稀缺珍贵

无论是贝壳还是盐，在当时都属于不太常见的物品，否则也就不值钱了；但是也不能过于罕见，否则就无法大量流通。适度的稀缺性让它们被视为珍宝，支撑起货币所需的信用基础。

2.耐久不腐

一般等价物必须能长时间保存且不易损坏或变质。例如，贝壳不会腐烂，茶砖晒干能放多年，盐结晶后只要不遇水也能维持很长时间，金属更是经久耐用，这使它们可以储存价值。

3.易于携带

在交易中，由于货币会频繁移动，所以体积小、重量轻、单位价值高就是其优势。贝壳很轻，价值高的金属可以少量换大量物品，茶砖虽不算很轻但有独特价值且便于驮运。而有价值但运输不便的牲畜，就难以成为货币主流。

4.规格统一

如果用大小不一的石头换东西，那该有多麻烦。成为货币的物品通常形态可分可合，便于标准化。贝壳有天然的大小筛选标准，1串10枚称“1朋”；茶砖有压制定型模具，可以等重量制造；布帛以长度计量；金属可铸成固定形状或按重量切割称量。只有单位统一，交易双方才容易达成共识。

5.难以伪造

货币一旦被大量仿制就会贬值，因此古人喜欢选择那些不易被伪造的东西充当货币。天然海贝在古代中原地区无法人工制造，金属货币有官方印记……这确保了货币的信用度。

6.普遍接受

最关键的一点是社会共识。不论是贝壳、茶砖、布帛还是银圆，只要大家信任并愿意接受，它们就能真正流通起来。共识可以来自传统（祖祖辈辈都用贝壳，大家自然会认可）、权力（官方规定盐块可以当钱用），也可以来自实际的需求（牧民需要茶叶，所以默认茶砖就是钱）。一旦共识形成，货币的物质属性反而变成次要属性。正如雅浦岛的巨石，只要大家相信它代表价值，就压根不在乎它搬不搬得动。

放在今天来看，这些条件是不是也很眼熟？现代法定货币（如纸币、电子货币等）本身可能既不稀有也无实用价值，但因为有国家信用和全民共识做背书，所以它们同样能充当交易媒介。货币发展到今天，形式更加抽象和多样化。但回顾那些五花八门的商品货币，我们依然能认识到：货币的本质在于信用和共识，而非材质本身。

第四节 “一统江湖”的金属货币

贝壳、盐、茶砖、布帛等商品货币曾是古代社会中的钱。但这些商品货币也有各自的问题：贝壳产地有限；盐块怕受潮，容易碎；茶砖虽能喝，却不耐挤压和长久保存；布帛体积大，还会磨损。

因此，人类需要一种耐用、便于计量和储藏的通用等价物来做交易媒介。于是，金属闪亮登场，成为历史舞台上新的主角。

· 为什么是金属

在没有塑料和纸张的时代，金属自身的条件可谓得天独厚。想一想我们生活中常见的金属物品，如铜钥匙、银首饰、金项链等，它们小巧、结实、不易腐烂，也很容易保存。金属可以放置很长时间（如10年），这正是货币需要的耐久性。更重要的是，金属熔化后可以重新铸造，用模具做出规格统一的形状，并在表面刻上标记（谁铸造的、重量多少）。这样大家就会相信这是一个标准的值钱的东西。

最初，人们主要使用铜、银、金这几种金属，因为它们在自然中相对稀有、开采困难，有一定的内在价值。这些金属不像铁那样容易生锈，长期储藏也不会变质。而且它们可以被熔化，然后倒进模具制作成标准化钱币，方便流通和交易。

就这样，金属货币登上了历史舞台，并逐渐成为全球主流的交换工具。

· 我国的金属货币：从刀币到半两

我国的金属货币起源非常早。考古发现，早在春秋战国时期（前770—前221年），各诸侯国就开始铸造金属货币。那时的钱长得非常特别，形状像缩小的工具——刀币、布币，甚至有鱼币、贝币这样的形状。

为什么会有这样的形状呢？历史学家认为，这些钱币最初可能是从真实工具演化而来的，比如刀币源自青铜刀，布币源自锄头或铲子（当时的耕种工具）。这些东西本身就有价值。后来，人们为了方便交换，就把它们做小，只保留外形作为象征，但已经不再用来砍柴挖土了。

秦始皇统一六国后做的事情之一就是统一度量衡和货币。他下令全国都使用统一的“秦半两”，形状是中间有孔的圆形铜钱。这种钱叫“半两”，意思是1枚钱重0.5两（约合现代的8克）。它不仅流通范围广，而且重量、大小一致，大大提升了交易效率。

从此，中国进入了标准圆形钱币时代，一直延续到清朝。历代皇帝都会在钱币上刻自己的年号和“通宝”等字样，它既是政权的象征，也是货币信用的体现。

· 吕底亚金币：西方世界第一批铸币

在西亚地区，小亚细亚的吕底亚王国走在了金属货币革新的前沿。根据古希腊历史学家希罗多德的记载，吕底亚人是世界上最早铸造金币和银币并将其用于流通的人。

吕底亚人采用一种天然合金“琥珀金”（electrum）来铸币。这种合金含有金和银，色泽美丽，坚固耐用，非常适合作为货币。吕底亚金币通常是椭圆形或豆形，上面刻有狮子的浮雕图案——这可能是王室的象征，也是他们对币值的担保。

有趣的是，这些金币没有面额，而是按重量来区分价值。你要花多少，就根据金币的克重来算。这种制度在今天的金店里还能见到：黄金按克论价，买一个金戒指得先称重，然后乘以实时金价。

吕底亚的铸币技术很快传入古希腊城邦。雅典、科林斯、斯巴达等地纷纷铸造自己的银币，其中最著名的是雅典猫头鹰银币，正面是雅典娜女神头像，背面是一只大眼睛猫头鹰，象征着智慧。这种银币因制作精良、品质可靠，在当时就像今天的美元一样，是地中海贸易圈里的硬通货。

· 罗马帝国的货币：狄纳里乌斯和奥里斯

后来崛起的罗马帝国，把金属货币制度发扬光大。罗马人铸造的货币包括银币“狄纳里乌斯”（denarius）和金币“奥里斯”（aureus），重量和含金或银量都非常严格。

罗马货币制度有以下几个特点：

（1）钱币上通常会刻皇帝头像，表明这是合法货币，获国家政权背书。

（2）银币和金币都可以按重量兑换其他商品，市民、军队、商人都认可。

（3）罗马士兵工资、政府税收、海外贸易都用这些金属货币进行结算，等于建立了一个遍布欧亚非的“金属货币经济圈”。

但到了帝国末期，罗马为了应对财政困难，偷偷降低货币的银含量，结果造成通货膨胀和民众不信任，最后帝国经济也随之动摇。因此，即便是金属货币，也必须保证其成色和信用，否则再坚固的金币，也挡不住人心的崩溃。

· 金属货币的五大优势

为什么金属货币能后来居上，“一统江湖”呢？它们与早期的贝壳、盐、茶砖等商品货币相比，有以下几个明显优势。

1.耐用

金属抗腐蚀、不怕虫蛀、不会发霉，放上十几年也不会坏，不像茶砖会潮解、布帛会褪色。

2.体积小、价值大

金属（尤其是黄金、白银）单位价值高，一小块就能买不少东西，便于携带。

3.可统一规格

金属可以熔铸成标准形状、大小，表面还能刻上重量、年号或者复杂的图案，交易时双方一看就知道值多少钱，省去了讨价还价的麻烦。

4.可分割又可合并

一块银锭可以剪成若干小块，一枚铜钱也可以攒起来换大钱，用起来灵活方便。

5.便于权威背书

国家可以在钱币上刻印标记或人像，表示“这是我发的，大家放心用”。这比盐商、茶商的承诺更可靠，也更有信用。

所以，从逻辑上看，金属货币是人类对理想货币的一次大幅升级。它不仅功能齐全，而且几乎解决了前一阶段商品货币的所有痛点。

· 顺应历史潮流的信任载体

金属货币的出现标志着人类进入了更高效率的交换时代。从工具形状的刀币、布币，到标准化的半两钱、银币、金币，金属货币除了是财富的象征之外，也是社会信任的结晶。它解决了盐块、茶砖难保存、难计量、难携带的问题，把“值多少钱”这件事变得更加确定。

在漫长的历史里，金属货币曾支撑过大国的崛起，也见证过帝国的崩溃。即便今天我们手中拿的不再是金、银、铜，而是银行卡、手机，但金属货币所代表的有形的价值凭证，依然影响着我们对钱的理解。

在接下来的内容中，我们将看到人类是如何从“金属的钱”走向“纸上的钱”，再走向“电子的钱”的。而每一次的进化，都离不开对“信任”的重新定义。金属只是个开始，真正有意思的货币旅程，还在后头。

第五节　纸币与黄金的关系

时代总是向前发展的。随着时间的流逝，贵金属作为货币的弊端也逐渐显露出来。人们需要一种更为轻便，也更不容易损耗的货币。

· 最为特殊的金属：金与银

1.共同的选择

在人类货币史的长河中，几乎所有文明都不约而同地选择将金属（尤其是黄金和白银）作为主要货币。这并非偶然。

从历史角度来看，黄金和白银在各古代文明中所扮演的货币角色远胜于其他金属。早在公元前3000年左右，两河流域的苏美尔人就开始将白银作为交换价值的标准和财富储存的手段。据出土泥板文书记载，当时美索不达米亚的人们已经用白银碎片、银环等来衡量商品价值。虽然银币在当时还未出现，但银质“货币”却已流通了数百年。历史学家指出，美索不达米亚的银就如同现代的货币，人们用它交换、储存财富，并以其计价。古埃及同样重视贵金属的价值。古埃及人虽长期采用以物易物的交易体系，但他们用德本（deben）这一单位来衡量物价。1德本相当于90克铜的价值，昂贵商品则被折算为同等价值对应重量的金或银。在尚未铸币化之前，古埃及人就已用黄金和白银作为衡量价值高低的标准。

进入古典时代，贵金属货币的使用就更加普及了。公元前7世纪，小亚细亚的吕底亚王国创造了西方世界第一批金币和银币。随后，古希腊城邦广泛铸造银质的德拉克马等硬币用于贸易；马其顿和希腊也发行过大量金币。古罗马早期曾以青铜铸币，随着帝国财富的增长，逐渐建立起完善的金银铸币体系。共和国晚期和帝国时代的罗马发行了标准化的银币（如狄纳里乌斯）和金币（如奥里斯），它们成为帝国内外通行的货币。在中国，先秦时期将贝壳和青铜铸币（如刀币、圆形方孔钱等）作为主要货币，而黄金、白银更多用于高价值储藏用具和礼器。汉代以降，虽然铜钱仍是日用货币，但黄金、白银因其稀有和高价值，在民间和朝廷中逐渐充当大额货币的角色。例如，西汉有金饼；唐宋时期，黄金主要用于储备；白银则在明清时期成为实际的大额流通货币。由此可见，在各大文明中，黄金和白银凭借其独特优势从众多金属中脱颖而出，成为广泛流通的世界货币。

2.贵金属的魅力

贵金属之所以能崛起成为硬通货，离不开其卓越的物理与化学特性。这些特性几乎完美契合了良币的标准。

其一，黄金和白银都极为耐久，不像铁会锈蚀，也不像粮食、布帛那样容易腐烂。这种经久不坏的特性意味着它们可以长期保存。

其二，贵金属具有可分割性和可塑性。一块金或银可以方便地拆分熔化，再重新铸造，而不损失其价值。亚当·斯密曾举例，如果用牲畜做交易媒介，买一小袋盐可能不得不以整头牲畜来交换，因为牲畜无法被分割；但用金属货币就能精确地称量出等值的小块金属来付款。这种可分割而不损耗的性质是金银作为流通手段的一大优势。

其三，黄金、白银稀有且价值密度高。这意味着单位体积包含的价值高，一小枚金币可能相当于一大袋谷物的价值。这使得大额贸易变得方便许多。价值密度高还带来一个好处——不易大幅贬值。在古代，黄金年产量极低，供给增长缓慢，因此币值相对稳定，不会像贝壳那样因大量采集而迅速贬值。

其四，贵金属美观易识别，且价值受到所有人的认可。黄金灿烂夺目，白银光亮耀眼，自古便会被制作成首饰和祭祀器物，因而人们对其怀有天然的信任和喜爱。此外，古人很早就掌握了鉴定金银纯度的方法，如试金石、火炼等。这使得造假变得非常困难。

其五，黄金、白银质地柔软，又不失一致性，纯度高的金银在不同形态下价值相同，具有很强的可替代性（同质性）。这保证了一枚金币与另一枚等量金币可以互相替换，不会因差异而影响交易。古希腊哲学家亚里士多德早在公元前4世纪就总结出理想货币应具备“耐久、可携带、可分割”等特征，而黄金和白银正好满足了这些要求。可以说，贵金属集便利和信任于一身，既有商品的内在价值，又方便度量和交换。在漫长的岁月里，它们如同货币舞台上的明星，凭借自身的魅力赢得了各大文明的青睐。

· 贵金属货币的弊端

尽管黄金和白银曾被视作最理想的货币，但贵金属货币体系并非没有缺陷。

1.供给有限

稀有的天性使贵金属货币难以满足不断扩张的经济需求。当经济发展、商品交易规模扩大时，如果货币（金银）的供应跟不上，物价反而会下跌，经济就会出现紧缩。许多经济史学家认为，金本位制下货币供给受限对工业化时代的经济增长形成掣肘。由于货币必须与黄金储备挂钩，而黄金开采增长远赶不上生产力的发展，导致流通中的货币不足，阻碍了资本投入和贸易扩张。简单来说，当市场对货币的需求增长而贵金属供给难以增加时，就会出现通货紧缩，导致商品和劳动力因货币稀缺而被低价出售，不利于经济繁荣。20世纪30年代大萧条时期，不少学者将经济长期低迷的部分原因归于各国恪守金本位制，无法灵活增加货币供应。

2.不易携带，使用成本高

金币和银币在小额交易中尚且便利，但在大宗交易时，其笨重性便凸显出来了。如果要用银币支付一笔大生意，那么商人就需要运送成箱的银币，既耗费人力物力，又有被盗抢的风险。18世纪的哲学家大卫·休谟打过一个比方：如果把记账所用的数字从简洁的阿拉伯数字换成烦琐的罗马数字，那么记录同样数额将耗费更多精力；同理，在贸易中如果货币单位价值太小，就需要携带大量沉重的货币，既麻烦又低效。过多的货币反而成了累赘，需要将更大的力气花费在保管和运输上。这形象地说明了大量贵金属在流通中的不便。

3.铸币权的垄断与操控问题

铸币权的垄断与操控问题一直困扰着贵金属货币体系。在古代，政府、君主通常垄断铸造货币的权力，本意是确保币值稳定和成色统一。然而，这一权力也会被滥用为牟利手段。在铸造货币过程中，统治者常常偷工减料，如掺杂贱金属、减少币重。这种行为被称为货币贬值或者征铸币税，其实质是发行更多面值相同但含金（银）量更低的货币，以此来平衡财政赤字。罗马帝国的历史提供了典型的案例。为了填补开支，皇帝尼禄（64—68年在位）在64年首次下令减少银币中的银含量，大幅降低了罗马银币的纯度。此后历任皇帝变本加厉，不断稀释币值，以致3世纪中叶时罗马银币几乎失去全部白银成分，市场上充斥着薄镀银的劣币。正所谓“劣币驱逐良币”，当新币的实际金属价值低于面值时，理性的民众倾向于囤积旧币、用新币支付。结果就是良币被收藏、熔化，劣币则充斥市场，货币体系的信用随之崩塌。罗马的恶性通胀和经济危机与铸币权被滥用直接相关。贵金属货币看似天然公允，但如果权贵操控了币制，反而会演变为掠夺财富的工具。

4.与经济周期冲突

贵金属储量的波动会造成通胀、通缩等剧烈震荡。当大量贵金属涌入时（如16世纪西班牙从美洲掠得白银和黄金），会引发物价飞涨；反之，当金银外流或者矿脉枯竭时，又可能导致货币紧缩、经济萧条。而政府在金本位制下缺乏自主的货币政策空间，难以及时应对这些冲击。还是以金本位制时代为例（具体何为金本位制会在后续的内容中详细讲解，这里可简单理解为以黄金锚定货币价值的制度），此时的央行无法随意增发货币刺激经济，因为每一张钞票都需要有相应的黄金做支撑。这种刚性虽然在经济过热时可防止恶性通胀，但在经济衰退时却失去了通过增发货币来放水救市的可能。这正是为什么经济学家凯恩斯把金本位制形容为“野蛮的遗物”。在他看来，固守黄金束缚反而会加剧经济痛苦。

正如亚当·斯密所强调的，金银本身并不等同于真正的财富，充其量只是获取财富的手段，一个国家的富裕程度不取决于拥有多少金银，而取决于所拥有的金银能够购买多少商品。随着经济体量的扩大和交易复杂度的提升，各国开始意识到仅靠有限的金银难以支撑庞大的商业需求。这为后来金本位制的出现以及纸币和信用货币的诞生奠定了基础。当人类迈入现代金融时代，曾经辉煌的贵金属货币逐渐让位于更灵活的货币形式。但金银作为货币的传奇历程，以及其所暴露的问题，为我们此后理解金本位制的兴衰和纸币信用体系的建立提供了宝贵的经验教训。现代稳定币的探索，某种意义上也是为了继承贵金属“良币”的优点，克服其局限性，从而找到既稳健又高效的价值载体。

· 纸币的起源：从宋代交子说起

纸币的诞生可以追溯到中国北宋时期的四川。当时官方在四川将铁钱作为货币，但铁钱价值低且分量大。据史料记载，1000枚铁钱重约25斤（宋朝时1斤约为640克），买1匹绢需要90～100斤的铁钱！如此笨重的货币极大地影响了商业活动的发展。为了摆脱这沉重的负担，北宋人创造了一种革命性的新货币形式——交子。交子是人类历史上最早正式发行的纸币。最初，它是由四川的富商们发行的一种存款凭证，有点类似今天银行开的存款单。商人们把沉重的铁钱存进交子铺，交子铺开具纸质票据作为存钱的凭据，方便在市场上流通使用。本质上来说，交子就是储存钱币的收据，它代表了存放在铺户里的金属货币的价值。由于交子携带方便，交易和纳税都不受限制，很快便得到了市场的认可。政府见此利好，干脆由官方印制交子并作为法定货币发行，并以铁钱为本位予以保证。在国家信用的加持下，人们乐于接受这纸质票券，拿着交子就像拿着真正的钱币一样放心。虽然交子后来因为战争导致的滥发而出现通货膨胀，一度让公众失去了信心（这提醒我们发行纸币也要谨慎），但交子的出现无疑揭开了纸币时代的序幕。

在此后的人类货币发展中，纸币逐渐演变成贵金属的“替身”。虽然纸币本身并不值钱，但如果背后有贵金属撑腰的话，人们也愿意接受这种“代币”。早期欧洲的银行券就是很好的例子，金匠和银行家收存顾客的金币和银币，并给出收据作为凭证，人们发现这些收据可以在市场上直接支付交易，因为任何时候拿着收据去银行都能取回等值的黄金。就这样，纸币从一种收据逐渐演变为真正的货币，其价值源泉正是它所代表的黄金和白银。正如我们将在下文看到的，纸币与黄金挂钩的做法也发展为后来著名的金本位制。

· 金本位制：纸币可以兑换黄金的制度

所谓金本位制，就是纸币以黄金作为支撑的货币制度。

在金本位制下，每一单位货币的价值都等同于一定重量的黄金。政府或中央银行给纸币定下了兑换比例，如规定1元等于0.1克黄金或1美元等于1.5克黄金等。有了这样的规定，纸币就不再只是一张普通的纸，而是成为黄金的“替身”。

在金本位制下，国家承诺纸币可以随时按固定比例兑换黄金。无论何时，只要你拿着纸币到银行，银行就应按规定拿出真金白银来兑换给你。比如：在经典金本位制时代的英国，曾规定1盎司（1盎司约为28.35克）黄金兑换3英镑17先令10.5便士；在布雷顿森林体系控制下的美国则规定1盎司黄金兑换35美元。这种随时兑现的承诺赋予了纸币字面意义上的含金量。由于每张纸币的背后都有足量的黄金做支撑，所以银行券可以自由兑换金币；而黄金铸成的金币本身就是法定货币，可在市场上流通。因此，纸币实际上变成了存放在国家金库中的黄金的凭证。拿着它，就相当于拿着等价的黄金，只不过黄金躺在银行的保险库里罢了。

金本位制的逻辑听起来很神奇，一张薄薄的纸币，因为能够兑换黄金，便具有了和黄金一样的价值，纸币与黄金在技术上几乎可以画等号。只要大家对发币机构有信心，这个兑换游戏就能进行下去。

· 历史上的金本位制

历史上有多个国家都实行过金本位制，其中19世纪至20世纪中期是金本位制的鼎盛时期。

1.英国的金本位制（19世纪）

英国是较早采用金本位制的国家。1816年，英国正式确立了以黄金为基础的货币制度，发行可以兑换黄金的英镑纸币。此后，越来越多的国家实行这一制度。19世纪后期，欧洲各主要国家以及日本等国家纷纷仿效英格兰银行的做法，将各自的货币与黄金挂钩。到了19世纪末，大多数国家都实行了金本位制。这一时期被称为国际金本位制时代，各国货币价值通过含金量确定，彼此汇率稳定而透明。金本位制为当时的全球贸易和投资提供了坚实的基础。

2.布雷顿森林体系（1944—1971年）

严格意义上来说，虽然布雷顿森林体系属于金汇兑本位制（一种改良的金本位制形式），但它依然体现了纸币与黄金的挂钩关系。1944年，各国在布雷顿森林会议上同意建立新的国际货币体系——各国货币固定汇率锚定美元，而美元则固定为35美元兑换1盎司黄金。这意味着各国实际上把本国货币价值通过美元间接与黄金挂钩，美元成为名副其实的“黄金代言人”。在此体系下，美国承诺外国政府和中央银行可以按35美元一盎司的价格向美联储兑换黄金，以确保美元的含金量。该体系一直运行到1971年。这一年，美国因自身黄金储备大幅流失等原因，单方面宣布停止美元兑换黄金（即“尼克松冲击”），布雷顿森林体系随之终结。这一事件标志着国际金本位制时代彻底结束。此后，主要国家的货币进入纯信用的浮动汇率时代，不再由黄金直接背书。

以上两个例子中，英国的金本位制代表了典型的传统金本位制，而布雷顿森林体系则是金本位制的变体。两者相隔一个多世纪，反映了金本位制在不同时代的实践形式和最终命运。

· 金本位制为什么让人放心，又有哪些局限

“纸币由黄金背书”听上去就给人一种踏实的感觉，这也是金本位制备受青睐的重要原因之一。黄金自古以来就被视为宝贵的财富，被各国普遍接受为货币材料。正如马克思所说：“金银天然不是货币，但货币天然是金银。”所以，当一张纸币声明自己代表一定量的黄金时，人们就会天然地赋予它信任。毕竟，拿着这种纸币就如同揣着真正的黄金，只是不用背负黄金的重量而已。这种心理上的安全感使得金本位制下的货币更容易取得大众的心。

再者，金本位制也被认为能够防止滥发货币、控制通胀。因为纸币发行量受到黄金储备的限制，所以政府不能随意印钞票，货币供应也就相对稳定。每一张纸币都有黄金做支撑，就好比有了一个天然的锚。在经典金本位制时代，各种纸币和辅币都以固定含金量为基础发行，能够稳定代表一定份额的黄金进行流通，从而保持币值稳定，不易发生恶性通胀。正如19世纪采用金本位制的各国，物价长期来看相对平稳，货币购买力波动较小。对于老百姓来说，存在银行里的钱不会因为政府多印钞票而贬值，这无疑提高了他们对货币的信任度。而且，由于各国货币都与同一种贵金属挂钩，金本位制还稳定了汇率，降低了国际贸易的汇率风险，进一步巩固了人们对货币体系的信心。

然而，金本位制是一把双刃剑，在带来信任的同时，先天存在一些刚

性限制。这在经济环境变化时就会成为弊端。金本位制的主要局限可以概括为以下几点。

1.货币发行受限于黄金储量

纸币必须有黄金做后盾。从长期来看，黄金储备有多少，货币供应量就只能有多少。如果经济快速发展，但黄金开采跟不上，那么市场上就会出现钱不够用的情况，从而抑制经济增长，引发通货紧缩。黄金产量限制了印钞机的发挥，历史上就有这样的例子。19世纪末，美国和欧洲经历了工业腾飞，但黄金供应一度不足，引发物价下跌和经济不景气，农民和债务人深受其苦。这种情况下，金本位制就显得过于死板。

2.无法灵活应对经济危机

在金本位制下，政府调节经济的手被束缚住了。当经济陷入衰退、失业率上升时，理论上央行可以通过增加货币投放、降低利率来刺激经济，但是由于有金本位制的约束，政府不能随意超发货币，否则就违反固定含金量的承诺。所以，在经济危机发生时，实行金本位制的国家就会缺乏及时放水救市的手段。这一点在20世纪30年代的大萧条中表现得尤为明显。当时，许多坚持金本位制的国家就无法有效扩大货币供应量来缓解经济困境，结果经济每况愈下，被迫停止金本位制，让汇率自由浮动以求摆脱困局。经济学家的研究也表明，严格奉行金本位制可能会加剧经济衰退，延长经济衰退的时间。例如，有学者认为，金本位制在一定程度上延缓了各国走出大萧条的过程。

3.黄金库存流失风险

在国际贸易中，金本位制有一个隐患，那就是黄金外流。如果一国长期出现贸易逆差（金本位制下表现为对外支付黄金多于收入），其黄金储备就会不断减少。黄金外流会直接导致国内货币供应紧缩（因为纸币必须对应黄金储备），继而引发国内物价下跌、生产收缩和失业率上升。这是一种自动但残酷的调整机制，除非该国经济衰退到减少进口、增加出口，否则黄金就会继续流失，从而形成恶性循环。可以说，金本位制把国际收支调整交给了黄金这只“看不见的手”，一旦出现严重逆差，对经济的冲击将相当剧烈。

综合来看，金本位制保障了货币信用，却也削弱了宏观调控能力。正因为黄金储量有限且分布不均，所以世界各国在应对战争、危机等特殊情况时往往难以两全，要么放弃金本位制增加纸币发行量渡过难关，要么死守金本位制忍受经济煎熬。信任与灵活成为金本位制难以兼顾的两难命题。这也是为什么20世纪后期各国最终选择离开金本位制，转而采用法定货币体系，用国家信用而非黄金来支撑货币的价值。

· 纸与金

从宋代交子的创举到金本位制的兴衰，纸币与黄金的关系贯穿整个货币发展史。纸币之所以能赢得人们的信任，不仅因为使用方便，更因为其背后有黄金这一实体。黄金赋予了纸币稳定的价值锚，使其一度成为世界货币体系的基石。但时代的发展证明，黄金之锚虽然坚实，但也沉重。它既带来了信用，也带来了束缚。正如我们所见，金本位制在保障币值稳定的同时，也限制了货币灵活调节的空间。最终，各国走向了纯信用货币的道路。当然，这并不影响我们对那段历史的好奇与赞叹。

货币的本质在于信用。无论这信用来自贵金属，还是来自国家公信力，最终支撑起货币价值的都是人们共同的信任。正因为有了这种信任，小小纸币才能在漫长的岁月中扮演着举足轻重的角色，推动经济的车轮滚滚向前。

第六节　信用如何代替了黄金的位置

在金本位制中，纸币代表着一定量的黄金，纸币可以按固定比例兑换黄金。而如今各国通行的信用货币（也称“法定货币”）已经完全摆脱了对黄金的依赖，纸币不再对应特定的贵金属，国家也不再承诺可以拿纸币兑换黄金。现代纸币没有内在价值（100元钞票的纸张本身并不值100元），但能充当货币，是因为国家信用赋予了纸币价值。

政府通过法律规定纸币为合法货币，所有人在交易中都必须接受它。在这种体制下，货币的价值完全基于人们对发行机构（政府、央行）的信任，而不依赖于兑换黄金等实物资产。只要公众相信政府的信用，接受以纸币衡量和交换价值，纸币就能稳定流通。概括来说，现代纸币相当于国家开的“欠条”，国家作为债务人，承诺这张纸有价值，持有人则相当于债权人，纸币的信用由国家信誉支撑。

· 从黄金到信用：货币体系的演变

在人类货币史上，黄金曾长期扮演着终极财富锚定物的角色。金本位制带来了国际贸易汇率的稳定，但也有明显的局限性，如黄金储量增长远远跟不上经济和贸易扩张的需求。当发生大战和经济危机时，各国为了筹资往往会超发货币，却无法增加足够多的黄金储备，金本位制便难以维系下去。1931年，英国因经济大萧条放弃了金本位制，英镑不再兑换黄金。随后，许多国家也脱离了金本位制。可以说，历史最终选择摆脱严格的黄金束缚。

二战结束后，世界建立了新的金汇兑本位制，即布雷顿森林体系。1944年，各国同意由美元与黄金挂钩，其他货币固定汇率锚定美元。这实际上是“美元—黄金本位”——美元代替黄金成为各国储备货币。因此，美国必须保证美元与黄金的兑换，以维持各国对美元的信心。这一体系在战后初期稳定了汇率，促进了贸易复苏。然而，随着全球经济的快速增长，各国对美元的需求大增，而按固定金价供应的黄金增长缓慢，美元供给与黄金储备之间便出现了冲突。美国作为发行国陷入了两难境地，要满足国际贸易需求就要大量增发美元，但美元发多了，黄金储备却相对不足，美元就无法兑付足额黄金，这将会动摇美元的信用。

20世纪60年代后期，美国出现了非常严重的财政赤字，不得不大量增发美元来应对开支问题。这削弱了美元的信用，各国纷纷用手中的美元向美国要求兑换黄金，导致美国的黄金储备急剧下降。法国总统戴高乐甚至威胁派军舰运回法国存放在纽约的黄金，可见各国对美元能否兑换黄金产生了严重怀疑。1971年，美国总统尼克松终于宣布关闭黄金兑换窗口，停止美元与黄金的挂钩承诺，布雷顿森林体系宣告结束，美元对各国货币的固定汇率也随之瓦解，世界主要货币相继进入自由浮动汇率时代。这就是著名的“尼克松冲击”。此举标志着黄金正式退出了国际货币舞台，信用货币时代全面来临。

黄金锚的移除使各国货币发行不再受到黄金储备的限制。美国无须再为每增发一美元准备相应的黄金，而是按照自身经济需要投放货币。这种转变赋予各国央行更大的灵活性，但也意味着一旦发行失控，货币信用将全靠政府自律和政策来维护。此后几十年里，美元虽然不再与黄金挂钩，但仍凭借国家实力继续充当主要国际储备货币。与此同时，各国开始重视通过政策维护货币的购买力，以弥补失去黄金锚后的信用基础。毕竟，没有了黄金这个硬性约束，纸币的价值完全仰赖人们对发行机构的信心。一旦这种信心被削弱，货币随时都可能贬值，甚至引发通胀风暴。

· 现代央行是如何维护货币信用的

黄金时代落幕后，央行成为维护货币信用的中流砥柱。各国央行通过各种货币政策确保纸币的含金量不至于大幅缩水。

具体而言，央行通过调节利率和货币发行量影响经济运行中的资金供求，从而实现稳定物价、稳定就业等目标。当通货膨胀的压力增大时，央行就会提高利率，减少货币投放以收紧流通中的资金，这相当于给信用货币“踩刹车”，以防止物价失控，货币购买力下降；当经济萧条时，央行会降低利率，增加货币供应，为信用货币“加油”，避免因货币不足导致经济停滞。

央行维护货币信用的核心是通过政策手段让货币供给和经济需求保持平衡。信用货币本身没有实物背书，只有当纸币的供应量和人们对纸币的信心互相匹配时，纸币才能稳健地充当交易媒介。央行因此承担了守信人的角色，既要防止印钞过多引发恶性通胀、透支信用，又要避免货币紧缩导致经济衰退、信用收缩。

在实践中，央行拥有很多可用的工具，比如公开市场操作（买卖国债调节市场流动性）、存款准备金率调节（限制银行放贷规模）等，用以精细管理货币供应。各国政府会立法赋予央行独立性，以隔离短期政治动机对货币的干扰，保持政府的公信力。

必须注意的是，央行的信誉与国家信用是密不可分的。如果政府财政失控，大举印钞弥补赤字，导致央行独立性受损，那么货币信用就会崩塌，导致恶性通胀和货币贬值。这说明信用货币时代虽然没有黄金的约束，但市场信任本身就是新的约束。正因如此，现代央行常常反复强调对通胀的警惕和对币值稳定的承诺，通过透明沟通和理性决策积累公众信心。可以说，央行行长的一句话往往比一箱黄金更能影响汇率，因为人们相信其言行代表着国家将履行对货币价值的承诺。

信用货币的运转实际上是一场大规模的信任游戏。每个使用货币的人都在接受并延续这种信任，相信别人也会认可这张纸的价值。黄金之所以退出历史舞台，是因为现代社会构建了比对黄金的信仰更复杂但更高效的信任机制——国家信用体系。黄金曾以其天然稀缺性和恒久性赢得了人类的信任；而如今，人类把信任转移到制度和契约上——信任政府的承诺，信任央行的政策能力，信任法律体系保护货币的地位。只要这种制度性信任能够保持，纸币就能履行和过去金币相同的职能，甚至能更好地服务经济发展。

第七节　当货币走进电子时代

进入移动支付时代后，我们的生活变成了这个样子：早上走到街边小吃摊，拿出手机扫一扫就能买到早餐；去超市买东西时不用掏钱包，只需要刷脸就能结账；逢年过节，亲友之间直接在手机上发送电子红包，一家人在群里热热闹闹地抢来抢去。

现金越来越少出现在我们的日常交易中，取而代之的是各种看不见的钱在网络里流转。货币从纸币到电子化的演变不仅给我们的支付方式带来了极大便利，也改变了人们对钱的传统认知。

· 从纸币到电子支付

在相当长的一段时间里，纸币和硬币都是交易的主要媒介。然而，历史又一次走到了相似的节点——人们开始觉得携带大量现金是一件很不方便的事情，既占地方，又容易遗失，还会受到假钞问题的困扰。

为了解决这些痛点，20世纪下半叶便开始出现了银行卡（借记卡和信用卡）。人们利用银行发行的一张小小塑料卡，通过刷卡完成付款，再也不必随身携带大叠钞票；商家则通过POS机读取卡片信息完成收款，省去了找零的麻烦。

银行卡支付的兴起让交易变得更加安全可控，大大减少了现金在流通中的磨损和细菌传播。可以说，银行卡和POS机的出现是货币电子化的重要一步，为消费者和商家提供了更便捷的支付体验。

进入互联网时代后，银行业务开始从线下走到线上。早在20世纪90年代中后期，部分银行就推出了网银服务，允许用户在家通过电脑进行转账、缴费。到了21世纪初，电子商务迅猛发展，网上购物需要更加高效、安全的支付手段，第三方支付平台由此应运而生。2004年，阿里巴巴集团创立了支付宝。最初，它只是淘宝网的担保交易工具，用于解决网络购物中买卖双方的信任问题。几乎同期，各大银行和支付公司也开发了在线支付接口，让用户可以通过网银或支付平台直接在网上完成付款。人们开始习惯于在电脑和手机上输入卡号或登录支付账户来支付水、电、气的费用或网购商品，不必亲自去银行或邮局排队。

随着智能手机的普及和移动网络的发展，支付方式迎来了新一轮的飞跃。2013年，腾讯公司的微信平台推出了“微信支付”功能，并在2014年春节凭借“红包”功能一夜之间吸引了数以百万计的用户绑定银行卡。从那以后，移动支付开始融入人们生活的方方面面，支付宝也从最初的网页支付扩展到手机App，一跃成为国民级应用。扫码支付（二维码支付）是移动支付时代的标志性创新之一，消费者用手机扫描商家展示的二维码即可完成付款。这种方式成本低、门槛低，使得许多过去无法安装POS机的小商贩也能接受电子支付。小商贩只需打印一个二维码贴在摊位上，就能方便地收款，不再受制于找零和假币的问题。

扫码支付的兴起让“一部手机走天下”成为现实。无论是在繁华都市的大商场，还是在乡村的路边摊，只要有网络信号，掏出手机扫一扫就能完成支付。移动支付的覆盖范围之广、应用场景之丰富是前所未有的。例如，人们乘坐地铁可以刷手机进站，街头买个烤红薯可以扫码，和朋友聚餐后分摊费用时可以直接转账到对方账户。可以说，中国在短短几年内就进入了以电子支付为主导的社会。根据普华永道发布的《全球消费者洞察调研2019》（“Global Consumer Insights Survey 2019”），截至2019

年，在中国，使用移动支付完成购买行为的比例高达86%。在这个过程中，刷脸支付等生物识别技术开始出现并逐渐投放到商用领域。一些快餐店和超市安装了人脸识别支付设备，顾客站在屏幕前刷脸就能完成扣款，将支付的便利推向极致。从纸币、银行卡到扫码、刷脸，我们的支付方式经历了一系列演变，而每一次技术的飞跃都让付钱这件事变得更加轻松。

· 电子货币与纸币

电子货币本质上代表着国家法定货币的价值，只不过载体从纸变成了电子信号。银行账户里的存款、支付宝及微信钱包里的余额，以及口袋里的钞票在面值上是等价的——无论是把100元存在手机里还是握在手里，其购买力都没有区别。然而在法律上，传统纸币（由央行发行的钞票和硬币）具有法定货币地位，也就是法律规定其为“无限法偿”，可以用于支付一切债务，任何单位和个人不得拒收现金。换句话说，如果你用纸币付款，收款方原则上没有任何拒绝的权利。而电子支付稍有不同，商家通常都会接受多种电子支付方式，但法律上并未强制其必须接受电子支付（除非双方另有约定或政策有相关要求）。有的商户可能不支持某个特定的电子支付App，这在法律上并不违法。因此，纸币和电子货币在价值上等价，但在法律效力和使用权益上，纸币享有更加特殊的地位。这也是为了保障公众的选择权和某些特殊群体的需要。

从依托载体与发行主体上看，纸币是由央行直接发行的实物货币，而电子货币主要依托于银行账户和支付平台账户。当我们使用电子支付时，实际发生的事件是银行存款在账户间转移，或者电子余额在第三方支付平台上划转。比如我们用支付宝给商家付款，支付宝平台会从我们的余额或者绑定的银行账户中扣款，再通过银行系统把等额资金转给商家，整个过程需要银行、支付机构作为中介来完成。所以，一般来说，电子货币离不开银行或者支付机构的支持，电子货币的余额则对应银行存款或支付机构托管在央行的备付金。相较之下，使用纸币交易则不需要任何中介。

近年来出现的央行数字货币（数字人民币）则有些不同。数字人民币由中国人民银行直接发行，法律地位等同于纸币。它是法定货币的数字形态，不需要绑定银行账户也能使用，并支持"双离线"交易，即使在无网络的环境下也可以完成支付。这使得数字人民币在使用体验上更接近纸币，但又具备电子货币的形态。不过，无论是银行账户里的存款、第三方支付平台里的余额，还是最新的数字人民币，它们归根结底都以人民币为计价单位，代表同样的货币价值，区别仅在于存在形式和流通方式不同：一种是存储在电子账户中的数字记录，另一种则是看得见摸得着的实体。

· 看不见的钱

货币的电子化是科技进步和社会需求共同作用的结果。从最初的银行卡和POS机，到互联网时代的网上银行，再到移动时代的扫码支付和生物识别支付，每次支付方式的变革都在努力地减少交易摩擦，提升支付效率。电子货币与传统纸币在本质价值上是一脉相承的，它让人民币这种法定货币拥有了更加灵活的表达形式。但同时，我们也应该认识到，电子货币并非完美无缺，它也带来了隐私、安全、技术等方面的新问题。这些都需要我们保持警醒。

第八节　数字加密货币

数字加密货币（简称“加密货币”）是一种完全以数字形式存在的，通过密码学技术来确保交易安全并控制发行的新型货币。它不同于我们手机里银行账户的余额（那属于电子货币的范畴），不再由央行、商业银行等中心化机构发行和记账，而是依托于区块链这类分布式网络，由计算机算法和网络共识机制生成和管理。

诞生于2009年的比特币就是首个广为人知的加密货币。它由民间开发，并通过“挖矿”算法发行，不依赖任何政府背书，其价值完全由市场供需决定。许多加密货币使用加密算法维护账本安全，通过私钥或公钥机制实现点对点的直接交易。在两个人之间转移加密货币不需要像银行转账那样经过第三方中介，交易请求会在全球网络中的节点之间广播，并由网络共同验证和记录。正因为去中心化和点对点支付的特性，加密货币被视为一种创新的数字价值交换方式。

加密货币虽然也是看不见、摸不着的数字形式，但与我们平时使用的电子货币有很大的区别。电子货币本质上是法定货币（如人民币等）的电子化形态，是由央行发行的，通过银行账户或支付平台以数字账簿的形式存在的货币。换言之，我们手机钱包里的余额代表的仍然是央行法定货币，只不过载体从纸钞变成了电子记账。反观加密货币，其并非任何国家法定货币的数字化，也没有政府信用作为支撑。下面，我们将从几个方面来了解加密货币与电子货币的主要区别。

1.发行主体与信用背书

电子货币（如银行卡存款、支付宝和微信钱包里的余额等）对应由央行发行的法定货币，所以有国家信用做背书，其价值与纸币完全等价。只要国家信用稳定，电子货币的购买力和面值就有保障。而加密货币通常没有中央发行机构，多数由开发者社区或算法按照预定规则发行，不依赖任何主权信用支持。它不与法定货币挂钩，价值更多取决于市场对它的信任和接受程度。一枚加密货币的价值不由央行保证，而由市场参与者共同认定，这与电子货币背后的国家信用有根本的区别。

2.中心化程度与运作方式

电子货币的运行离不开银行、支付平台等中介机构，每笔电子支付（如刷卡和扫码付款等）实际是由银行、第三方支付系统在后台授权完成的。资金在不同账户间转移，需要这些中心化机构来记账和处理交易。然而，加密货币采用的是去中心化的运作方式，没有单一机构负责全部账务记录。交易记录被分散存储在全球众多节点上，通过共识算法达成一致后方可确认。用电子货币转账时，我们信任的是银行维护账户余额；而使用加密货币转账时，我们信任的是区块链网络中数学算法和多数节点的共同作用来确保交易有效。这种去中心化的机制使加密货币系统具有更强的抗单点故障能力，不会因为某个机构出了问题而瘫痪。但因为没有中心化机构，当用户操作失误（如转错地址等）时，就无法像在银行操作时那样寻求人工干预来撤销交易。

3.价值稳定性

电子货币与其所代表的法定货币单位是等值的，其价值由国家货币的发行机构（央行）调控。平日里，我们不用担心支付宝里的100元突然只值50元。然而，大多数加密货币价格波动非常剧烈，缺乏法定资产锚定，也没有央行进行价值稳定干预。加密货币的价格完全由市场供需决定，可能在短时间内大幅涨跌。有人形象地比喻，加密货币的价格走势有点类似于股票或黄金等投资品，其市场价值会随着投资者信心的变化而起伏波动。比特币在过去几年里经历过多次暴涨暴跌，一周内价格腰斩或翻倍的情况都出现过。因此，电子货币适合作为日常交易时使用的支付手段；而加密货币更像一种具有高风险的投资资产，我们将其用于日常交易会面临购买力不稳定的风险。

4.法律地位与认可度

电子货币代表的是法定货币，在法律上享有法偿地位（纸钞或硬币可强制流通；电子支付虽非强制，但其价值源头是法定货币）。商家一般不会拒绝接受等值的电子支付，因为那实际上是接受人民币等法定货币的电子转账。然而，加密货币在绝大多数国家既不具有法定货币地位，也不是由政府发行的法定货币，更不存在“无限法偿”的强制接受性，是否接受加密货币完全取决于交易双方的意愿。在我国，监管机构明确指出比特币等虚拟货币不具有与法定货币等同的法律地位，只能被视为虚拟商品。也就是说，用加密货币购买商品在法律上不受保护，商家可以合法地拒收。另外，一些国家出于金融安全方面的考虑，也会禁止或限制加密货币的流通和交易。相较之下，电子货币因归属法定货币体系，受到完善的金融法律框架保护，其流通和使用的合法性有明确保障。

5.匿名性与监管

在传统电子货币体系中，所有交易都需要通过银行或支付平台来完成，账户也需要实名认证，所以监管部门可以追查资金流向。这意味着电子货币交易的匿名性很弱，用户的交易记录对监管机构来说是透明的。加密货币则提供了一定程度的匿名性。用户不经过实名银行账户就能直接持有和转移加密货币，只需一串数字地址即可完成交易。这种做法有点像在互联网世界中使用现金，交易各方无须透露真实身份，每笔转账虽然在区块链上公开记录，但仅显示地址而不直接呈现身份信息。匿名性保护了个人隐私，但也带来了监管难题——由于无法轻易将地址与现实身份对应，执法机构难以监控可疑交易，打击非法活动。这正是各国政府在监管加密货币时最大的挑战。当加密货币被用于跨境转移资金时，因为没有中心化机构可以提供全面的数据支持，传统的监管手段往往束手无策。正因如此，各国纷纷探索对加密资产实施新的监管措施，一些交易平台也被要求落实实名制和反洗钱规定，以降低加密货币被不法分子滥用的风险。不过，与电子货币体系相比，对加密货币领域的监管仍在摸索中，用户需要承担更大的自我责任（如保管好私钥、防范网络诈骗等）。因为一旦出现损失，基本上是追不回来的。

加密货币和电子货币虽然都是货币数字化演进中的产物，但电子货币只是法定货币的数字化载体，方便我们平时以电子方式支付。它始终锚定在国家信用上，价值稳定，法律地位明确。而加密货币则是对货币概念的一次全新探索。它尝试在无中心化机构的情况下充当交换媒介，让参与者直接对等交易，并通过技术手段而非政府信用来建立信任。正因为这一路径的先锋性，加密货币目前更像投资标的或数字资产，尚未成为主流社会通用的交易媒介。例如，我们在早餐摊用手机扫一扫买包子时支付的是电子货币（其背后是人民币），并非直接使用比特币等加密货币。因为后者既缺乏广泛的日常接受度，也无法保证价值稳定，不太适合作为日常生活中的计价和交换手段。

当然，加密货币的出现也切实为货币的未来发展提供了新的想象空间。它让人们看到了去中心化金融的可能性，也促使各国央行加快研究数字法定货币的步伐，以融合加密技术的优势来提升现有电子货币体系的效率和安全程度。

第二章

比特币之美，比特币之痛

加密货币掀起了全球范围内的数字革命。然而，在技术创新的同时，它也带来了系统性的金融风险。

第一节 比特币出现的契机

· 2008年金融危机的冲击

2008年，一场巨大的金融风暴席卷了全球。这场危机源于美国的房地产泡沫和次级按揭贷款问题，大量购房者借了还不起的房贷，房价下跌后导致贷款违约激增，使银行蒙受了巨额损失。2008年9月，美国华尔街投资银行雷曼兄弟宣告破产，瞬间引爆了市场恐慌。银行之间开始互不信任，不再愿意拆借资金，影子银行体系出现挤兑式的连锁反应。许多国际大型银行等金融机构陷入危机，股市也接连暴跌。

为了防止金融体系全面崩溃，各国政府被迫出手，以空前规模的财政资金纾困银行、救市。危机随后演变成全球经济衰退，国际贸易急剧萎缩，失业率攀升，不少经济学家将其视为自20世纪30年代大萧条以来最严重的经济危机。这场金融浩劫不仅造成了巨大的经济损失，也严重动摇了公众对传统金融体系的信任。国外很多人失去了工作和房产之后，却发现政府在动用纳税人的钱大举拯救酿祸的银行。人们不禁开始反思：有没有一种更好的金融机制来避免重蹈覆辙呢？

· 中本聪与比特币白皮书：去中心化电子现金的构想

2008年末，金融危机余波未平之际，一个神秘的新想法在互联网的某个角落开始萌芽。据称，中本聪（Satoshi Nakamoto，据分析是一个人或一个团队的化名，真实身份至今不明）对2008年金融危机后各国央行的救市政策感到非常不满，于是萌生了创造一种不受政府和银行家控制的新型货币的念头。

2008年10月31日，署名为中本聪的账号在“metzdowd.com”网站的密码学邮件列表中发表了一篇划时代的论文——《比特币：一种点对点的电子现金系统》（“Bitcoin: a peer-to-peer electronic cash system”）。这篇被称为“比特币白皮书”的论文详细描述了一套去中心化的电子交易体系。简单来说，中本聪设想了一种在互联网上直接支付现金的方式，付款人可以直接将钱发给收款人，不需要任何银行和支付平台作为中介。整个系统通过巧妙的数学算法和分布式网络来确保交易是可靠的，交易双方不必互相信任，也不必信任某个第三方机构就能够完成支付。在当时的背景下，这无疑是一个大胆且具有颠覆性的想法。

这篇论文发表后不久，中本聪还亲自编写了比特币的软件原型。2009年1月3日，中本聪运行该软件“挖出”了比特币历史上的第一个区块，被称为“创世区块”，并由此获得了最初的50枚比特币。

中本聪还在创世区块中嵌入了一段耐人寻味的英文信息，其中一部分内容为“Chancellor on brink of second bailout for banks”，大意是“财政大臣即将对银行实施第二轮紧急财政援助计划”，这是2009年1月3日，英国《泰晤士报》有关政府再次拯救银行的新闻标题。很多人认为中本聪这样做既是为了证明区块的生成时间，也是借此含蓄地表达对当时政府金融救市措施的不满和创造比特币的初衷。可以想象，在金融危机阴影下诞生的50个比特币，寄托了创造者对现有金融体系的反思和挑战。比特币网络就此正式启动，拉开了去中心化数字货币时代的序幕。

· 从实验到“两块比萨”

比特币诞生之初，只有极少数的密码学社区的极客关注到了这一新生事物。中本聪将比特币软件代码公布在互联网论坛上，一些志同道合的程序员开始加入网络，尝试运行节点并通过“挖矿”获取比特币。2009年1月12日，比特币完成了历史上第一次对外部人士的转账交易——中本聪给早期参与者、密码学专家哈尔·芬尼（Hal Finney）转了10枚比特币。由于区块链上的所有交易记录都是公开透明的，这笔交易被永久记录在比特币的第170号区块中。当时的10枚比特币几乎一文不值，算下来可能只相当于几美分的价值，但这一事件依然具有划时代的意义，它向世界第一次验证了比特币系统的可行性，不通过银行，就将电子货币成功地点对点转移给了另一人。比特币从理论走向了现实，一套无须信任中介的数字货币体系真实地运行了起来。

在此后很长的一段时间里，比特币都只在一个小圈子里流通。因为彼时比特币没有公认的价格，最初的比特币只能通过玩家之间的协商交换来“发现”价值——在比特币论坛上，有人愿意用成百上千枚比特币来换取一些日常物品。传奇的“比特币买比萨”事件就发生在这个时期。2010年5月，一位程序员用1万枚比特币向网友兑换了两块比萨，这成为第一笔使用比特币购买实体商品的公开交易。当时，1万枚比特币只值不到50美元，只能买两块比萨。然而，这次交易却让社区第一次有了比特币对实物的定价，也让更多圈外人听说了这种新奇的数字货币。后来，这一天被比特币爱好者们戏称为“比特币比萨日”。然而，谁也没有料到，几年后的比特币价格飞涨，为这两块比萨所花的1万枚比特币对应的价格暴增至数亿美元。这件事在成为趣闻的同时，也证明了比特币的潜力。

· 比特币的创新

对于没有技术和金融背景的读者来说，比特币到底新颖在哪里呢？我们不妨先回到“互联网现金”的比喻上来。

我们在街边的小摊上买了一个10元的煎饼，扫码支付，很快就完成。这个过程看起来非常简单，就是和摊主直接完成了一次“面对面”的交易，但背后的流程远比表面上复杂得多。我们用手机扫码并输入金额时，实际上是向支付宝、微信支付等支付平台发送了一条指令，而这些平台背后连接着各自合作的银行系统。我们的操作并不是直接把钱递给摊主，而是请求银行作为中介出面，帮我们把10元钱从自己的账户转到摊主的账户。银行在收到这条交易指令后，会在系统中为双方分别记账，扣除我们账户中的10元，并为摊主增加相应的金额。交易看似一气呵成，实际却经历了数据验证、风控审核、信息加密等多个环节，还要依赖互联网和各方机构的配合才能完成。我们与摊主的“面对面”只是表象，真实的资金流转是银行、支付公司等中介机构在幕后完成的。

比特币的交易方式则截然不同。比特币追求的是真正意义上的“点对点”直接转账，就像我们将现金装进一个信封，亲手递交给摊主那样，整个过程没有任何中介机构参与，也没有第三方负责记录账本。只不过比特币将这个过程放在了互联网上。每一笔比特币交易都会被广播到比特币网络中，由全球的节点共同见证、验证并记入分布式账本，任何人都无法插手。这样一来，资金的流向就会完全透明且无法被单一机构篡改。比特币交易的本质，是以去中心化的方式真正实现人与人之间的直接支付。

如果说金融危机让人们看到了集中化金融体系的脆弱和弊端，那么比特币则提供了一种全新的思路，一种由大众参与维护、无须中央机构背书的电子现金。它让人们第一次有机会思考货币究竟能否脱离国家和银行而独立存在。

当然，现在或许还无法断言比特币最终会走向何方。但毫无疑问，它已经向世人证明，在互联网时代，人们不仅构想出了一种“数字黄金”，还让其真正落地了。而这一切，都始于一个危机中的大胆创想。

第二节　比特币的原理

这一节，我们来简单了解一下加密货币的两个重要概念——区块链与去中心化。

· 区块链

区块链本质上是一种特殊的分布式记账技术。这个账本由一个个区块组成，每个区块就像账本的一页，记录了一段时间内发生的一系列交易和数据，然后每个区块按顺序连接成链，因此得名“区块链”。每当有新的交易产生时，它们就会被打包进一个新区块，并链接在前一个区块之后，如同在账本末尾添上一页。

区块与区块之间通过特殊的数字指纹相连，就像写满账本的一页后，给这一页盖一个独一无二的印章，同时把这个印章印在下一页的开头。如此一来，每页首尾相连，就组成了一个完整的账本。如果有人试图篡改账本中某一页的内容，那么该页的印章就对不上后面的记录，所有人都会发现问题。正因为每个区块都包含前一个区块的指纹信息，所以区块串联形成的链条很难被人为改动，修改一个区块需要同时改动之后的所有区块，并得到整个网络的同意才行。因此，区块链上的记录一经写入就几乎无法篡改，最大限度地保证了账本的可靠和安全。

而分布式的意思就是，电子账本并不是由某个中央服务器来保存的，而是由网络中所有参与的计算机（节点）来共同保存和更新的。每个节点都拥有账本的完整副本，任何一笔新交易被确认后，所有副本都会同步更新。这就是分布式账本的概念。

对于前面所讲的扫码支付，交易的过程就是银行记账的过程，我们的账户上减些钱，对方的账户上加些钱，银行把这些内容记在各自的账本上之后，交易就完成了。而我们把分布式记账技术说得简单一点，就是可以把它想象成每个人面前都摆了一个相同的账本，谁在自己的账本上添了一笔，那么所有人的账本上都会多出这一笔。

这种架构使系统具备了高度的容错性和可靠性，即使某个节点的账本出现故障或被篡改，其他节点的账本副本仍然是完好的，整体数据不会丢失。由于所有节点都有相同的账本副本，任何试图作假的行为都会被其他节点拒绝，从而防止作弊。账本公开透明，所有参与者都可以查看和验证其中的记录，这大大提升了参与者的信任度。

· 去中心化与传统金融的对比

了解了区块链，我们再来看看去中心化是什么意思。

简单来说，去中心化指的是一个系统或组织不受制于某个中央权威的管控，每个参与者（节点）都有平等的权利，自主地进行点对点的交易和操作，无须依赖第三方中介。在去中心化的网络中，没有任何单一实体可以控制系统。

以传统金融体系为例，货币的发行与交易记录主要由中心化机构来负责，如央行发行货币，商业银行运营账户系统，支付公司处理交易。在这种模式下，所有交易都依赖这些中介来记账和背书。我们给朋友转账时，其实是银行在其中央数据库里减掉你账户上的钱，增加你朋友账户上的钱，这笔账始终记录在银行的账本里。在中心化体系下，参与者必须无条件信任中介，而中介一旦失信或者失灵，整个网络的稳定性就会受威胁。

去中心化正是为了解决上述问题而提出的理念。在一个去中心化的加密货币网络中，没有由某家公司掌控的所谓的“中心服务器”或“总账本”，取而代之的是由全体节点共同参与的行为。由于没有中介，所以交易可以直接在个人之间进行（也就是“点对点交易”），就像把现金亲手交给朋友一样直接。在这一模型下，信任不再来源于对某个机构的依赖，而是来源于算法规则和多数参与者的共识。每一笔交易只有被网络中的多数节点验证同意后，才会被写入区块链的公共账本中。因此，篡改、造假需要同时瞒过大量参与者，难度极高。去中心化系统通过公开透明的机制，在陌生人之间建立了可靠的信任基础，也就不再需要信任某个作为中介的权威机构。

· 比特币实现交易的方式

比特币是世界上第一个真正实现去中心化的数字货币，利用区块链技术，成功地在没有中央机构管理的情况下解决了数字货币最棘手的问题之一——双重支付难题，即同一笔钱（数字货币）被花两次的问题。

那么，比特币网络中的交易是如何进行的呢？假设小明想给小红转1枚比特币。在传统金融中，小明需要通过银行、支付平台来完成这一举动，银行先扣减小明账户上的余额，再增加小红账户上的余额。而在比特币网络中，小明只需使用自己的比特币钱包发起一个转账请求，这个请求会被广播到整个比特币网络，所有在线的节点都会收到。网络中的节点会先验证小明的账户中是否确实有至少1枚比特币，交易签名是否有效等信息。多数节点确认交易有效后，这笔交易就被视为合法，可以被打包进一个新的区块。这里没有任何银行工作人员审批，整个过程都由系统自动完成，靠的是预先设定的算法和全网的协作。

另一个关键的问题是：谁来负责打包记账呢？比特币采用“全网共同记账”。但如果每个人同时往账本里写，那么肯定会乱成一团。因此，比特币巧妙地设计了一个竞争机制，让网络自动选出某个节点来写入下一个区块。这就像是每当有一批新交易产生时，全班同学都想当记账员，大家开始比拼解一道老师出的难题（一个复杂的数学谜题）。这道题目计算非常烧脑，需要试出特定的答案，谁最先解出来，谁就赢得本轮记账权。胜出的同学会得到大家的认可，可以把这批交易写进自己的账本（即在区块链上生成新的区块），然后把更新后的账本内容广播给班上其他同学核对复制。同时，为了奖励这位勤奋的同学，老师会给他一颗糖果——在比特币网络中，则是奖励给记账胜出者一定数量的新比特币作为报酬。其他同学验证账本上这页内容无误后，也在各自账本上添上这一页。随后，大家进入下一轮新的记账比赛。

上述过程解释了比特币的工作原理：所有人都可以参与“挖矿”竞争（这里的“挖矿”指的就是争夺记账权并获得比特币奖励的过程），但只有最快解出谜题的节点才能记账，记完账后又回归到全网共同维护的状态，以确保账本一致。这套机制在专业上被称为“工作量证明”共识算法。

比特币作为第一个成功运行的去中心化货币，在超过10年的时间里没有依赖任何一家银行或支付公司的运营，却依然安全地完成了海量的交易。任何两个互不相识的人，只要拥有网络连接和比特币地址，就可以直接进行价值交换，中间不需要第三方撮合。这种不需要中介的价值转移大大拓展了金融的想象空间。人们开始意识到，原来钱币不一定要由国家银行发行，转账也不一定要通过银行来清算，通过巧妙的算法和分布式网络，也能建立起可信的货币体系。

人类历史上第一次拥有了一种全球通用，不属于任何人却又属于每个人的货币。这就是去中心化加密货币的迷人之处。

第三节　比特币的发展路线之争

比特币诞生之初，在网络上并没有遇到太大的压力。但是，随着用户和交易量的增长，它的瓶颈越来越明显：区块的大小被严格限制在1MB。

这是什么概念呢？比特币约每10分钟打包一次交易（形成一个区块），但每个区块却只能容纳约1MB的数据。这相当于每秒处理4～7笔交易。对于全球成千上万的用户而言，这就好比高峰时段只有一条单车道可供通行，结果就是严重的交易拥堵。越来越多的交易来不及被写入区块，用户发现自己转账需要等待的时间越来越长。如果想加快处理的话，就只能支付更高的手续费来“插队”。到后来，比特币网络上交易堆积、手续费飙升的情况越来越严重，原本号称“点对点的电子现金系统”的比特币，此时用起来却又慢又贵。网络扩容（扩大通道容纳更多交易）的问题也就理所当然地被提上日程。

· 社区内部的激烈争论

面对交易拥堵和高额的手续费，比特币社区内部出现了两派截然不同的主张。一派是以部分矿工和开发者为代表的扩容派（也称“大区块派”），他们主张直接提高区块容量的上限，将其提升到2MB、4MB，甚至更大。在他们看来这是立竿见影的办法，区块能装下更多交易后，处理交易的速度就能提升，手续费自然也会降下来。另一派是核心派（也称“小区块派”），主要由比特币核心开发团队及支持者组成。他们并不赞成简单粗暴地提高区块容量上限。因为区块越大，运行完整节点（保存全链数据的节点）所需的带宽和存储门槛就越高，普通用户也就越难以参与进来。比特币网络会因此越来越依赖少数大矿工和公司的运营节点，从而无可奈何地走向中心化的老路。去中心化本就是比特币的基石，一旦被削弱，比特币的安全和抗审查性就会受影响。因此，核心派倾向于优化区块利用率和采用链下解决方案，而不是直接扩容。

2017年，核心派推动隔离见证（SegWit）协议升级，具体的做法是把交易的部分签名数据从区块中挪出去，从而在不增加区块大小的同时提升有效容量。他们还积极开发了闪电网络等第二层技术，希望将小额的频繁交易引导到链下进行，从而减轻主链负担。在核心派眼中，比特币未必需要承载所有日常生活中的小额交易，它更应该像“数字黄金”一样，成为一种有价值的储备资产。哪怕交易速度慢一点、手续费高一点，只要网络足够安全可靠，也是可以接受的。

就这样，自2015年起，比特币社区围绕扩容问题展开了一场漫长而激烈的拉锯战。支持大区块和小区块的两派各执一词，谁也说服不了谁，导致比特币网络升级方案迟迟无法达成共识。社区内部的讨论从技术探讨慢慢上升到理念之争，并且伴随着不少情绪化的对立，导致双方僵持不下。

· 比特币现金（bitcoin cash）的诞生

当社区内部的分歧难以调和时，比特币网络最终走到了分叉的十字路口。事实上，2015—2016年，扩容派曾尝试过推动几次改进方案。例如，迈克·赫恩（Mike Hearn）和加文·安德烈森（Gavin Andresen）曾推出过名为“Bitcoin XT”的客户端，提议将区块容量扩大到8MB，但由于遭到社区强烈反对，没能获得足够多的支持；随后，又有开发者发布“Bitcoin

Classic”版本，建议将区块容量扩大到2MB，同样也是因为共识问题而不了了之。这些尝试的失败使扩容派愈发不满，也让双方的信任渐行渐远。

2017年，比特币扩容之争达到高潮。这一年，由核心派主导的隔离见证（SegWit）软分叉方案已经准备就绪，但扩容派坚持认为这并非他们想要的扩容方案。一些人决定不再等待，在多次协商未果后，扩容派选择用实际行动另起炉灶。2017年8月1日，一些大矿工和公司支持者在比特币区块高度为478558处发起了一次硬分叉。他们修改了比特币的软件规则，将区块容量上限直接提高到8MB，并拒绝包含隔离见证等核心派推动的改动。这次硬分叉产生了一条新的区块链分支，被命名为“比特币现金”（bitcoin cash，BCH）。原来的链则依旧遵循1MB规则，保留“比特币”（BTC）的名称。比特币网络从此一分为二，BCH和BTC各自独立运行。虽然，二者拥有共同的历史记录（在分叉区块之前的数据完全相同），但此后新增的区块和交易彼此不再兼容。

新诞生的BCH继承了比特币原有的账户余额数据，并按1∶1的比例赠予当时持有比特币的用户等量的BCH。BCH的支持者宣称，大区块方案的落地能够通过链上扩容缓解旧链上的交易拥堵和高手续费问题，让交易变得更快更便宜，再次践行比特币作为“点对点的电子现金系统”的初衷。与之相对，留下来的BTC的支持者则认为，他们坚守了比特币网络的稳定和去中心化。他们继续沿用1MB区块并推动隔离见证协议升级，随后几年重点发展链下的闪电网络等方案，在提高交易性能的同时保持了主链的简洁。他们把BTC定位为抗通胀的价值存储，“数字黄金”的理念也变得更加深入人心。可以说，BCH和BTC代表了比特币社区中两种不同发展哲学的实践：一个侧重扩大基础容量，追求交易速度；另一个则强调控制规模，引入层次化设计，追求交易质量。

这次分叉事件是比特币历史上最重大的里程碑之一，除了技术层面的改变外，它也深深影响了社区生态。分叉初期，两边阵营在社交媒体上不断为各自的币种造势，难免会出现一些针锋相对的言论。幸运的是，比特币并未因这场内斗而崩溃，反而通过一分为二各自发展的方式暂时平息了争端。BTC依旧是市值最高的加密货币，而BCH则成为市值排行榜中靠前的一个新币种。需要说明的是，虽然BCH名字里有“比特币”，但它有独立的社区和开发团队，是独立的加密货币。后来的几年里，BCH内部也出现过新的分歧（2018年因为技术路线问题，又从BCH中分叉出BSV等）。这些都是比特币扩容争论余波的一部分，但限于篇幅，这里不过多展开。比特币通过这场扩容之争，演化出了不同的发展路径，不同路径上的支持者们将朝着自己认定的方向不断前进。

第四节　自动生效的合约与区块链

合约与合同在我们的生活中无处不在。租房时房东与租客会签订租房合同，明确租金、租期、押金和双方的责任义务；办理贷款时银行与借款人会签署贷款合同，约定还款期限、利率和违约处理方式；我们网购点击“同意”的用户协议，也是平台与用户之间的一种合同形式。

合同的作用是在双方（或多方）之间建立一种承诺，一方按约定提供商品、服务或资金，另一方履行支付、返还等义务，以确保交易能够顺利进行。合同提供了法律约束力，如果一方不履行承诺，那么另一方可以凭合同寻求结果，通过法律途径解决问题。从某种意义上说，因为有合同条款和第三方（法院、仲裁机构）的监督和保障，所以合同能让陌生人在拥有一定信任的基础上达成合作。

那么，能不能让合同在没有中介机构的情况下自动执行呢？这便是智能合约的起点。

· 智能合约的诞生

“智能合约”（smart contract）这一概念最早由计算机科学家、密码学家尼克·萨博（Nick Szabo）在20世纪90年代中期提出。1994年，萨博设想了一种数字化的合同形式，即合同的条款被写入计算机代码中，当预设条件满足时，代码就会自动执行相应的合同条款。智能合约的核心理念，就是让合同像程序一样自主运转，无须人为介入，强制执行双方的承诺。萨博将智能合约定义为“一种计算机化的交易协议，能够自动执行合同的约定”。他的设计目标很明确：通过技术手段减少对可信中介的依赖，降低违约概率和执行成本，提高交易的安全性和效率。

萨博将智能合约比作自动售货机，当我们投入硬币，按下商品按钮时，机器便会自动验币并出货，从而完成一笔交易。整个过程无须店员参与，只要付了足够的钱，机器就能按照预先写好的规则自动给出商品。如果没投币或者投币不足的话，机器就不会出货。这个过程跟合同条款的自动执行是一套逻辑，付款是条件，出货是结果。一旦条件满足，结果就自动发生，没有人工裁决，也不需要互相信任，买方和卖方的约定由机器直接执行。萨博受到自动售货机的启发，认为合同也可以如此自动化运行。

20世纪90年代，萨博的这一构想并未马上流行开来。虽然当时已经有了互联网和电子交易，但还是缺乏可信的执行环境。如果智能合约代码在某个人的计算机上运行，别人很难信任它不会被篡改，而且数字货币和支付手段也不完善，智能合约缺乏自动收付款的基础设施。因此，萨博的想法更多的是停留在理论上。直到多年后，一个新技术的出现才为智能合约的落地提供了土壤。这就是我们前面提到的区块链技术。

· 区块链上的智能合约

区块链是一个分布式的记账网络，具有去中心化（没有单一控制者）和不可篡改的特性，非常适合承载智能合约程序。当今最著名的智能合约平台是以太坊（Ethereum）。它在2015年推出时就以支持智能合约为核心卖点。那么，区块链上是如何实现智能合约的呢？下面我们就以以太坊为例进行说明。

在以太坊的区块链上，智能合约就是一些部署在链上的小型计算机程序。开发者先用特定的编程语言把合约逻辑写成代码（相当于合同条款的数字化表达），然后通过交易把这段代码发布到区块链上。一经部署，智能合约的代码和数据就会被存储在区块链的每个节点上，并受到全网一致性的保障。这意味着没有任何人能单方面修改合约代码，所有参与者看到和执行的都是同样的代码和规则。当合约约定的触发条件发生（如收到一定金额的付款或到了约定的日期）时，区块链网络中的每个节点都会运行合约代码，验证条件并自动执行约定的操作。比如我们在智能合约的代码里写上“收到用户支付的10个代币后，合约自动将数字商品的下载权限发送给用户”，那么在用户确实付了10个代币且确认付款后，合约便会自动把下载权限发给用户。

这样的过程完全由区块链网络保障其可信度。因为所有节点都会检查并执行合约，一方想作弊篡改合约是不可能的，其他节点不会认可不符合合约代码的结果。这就像是全网的电脑共同扮演了见证者和执行者的角色，取代了传统合同中银行、支付平台和法院的职能。从用户角度看，智能合约让交易双方在没有第三方的情况下进行可信任的交易，交易过程对双方都是透明且不可更改的。一旦智能合约触发执行，其结果会被永久记录在区块链上（如支付转账会记入公开账本），无法撤销。这种自动强制执行的机制大大提高了执行效率，过去需要花费几天甚至几周人工处理的事务，现在可能几秒就完成了。由于取消了中介环节，交易成本也有所降低。正因为这些优势，智能合约被认为是区块链技术带来的革命性工具。

但是，大家需要明白一点，智能合约本质上是程序代码。它并非真的有多聪明，也不可能等同于法律合同。它被称为“合约”是因为它以数字的方式实现了合同的承诺执行，即使代码中有漏洞，或者约定了不合理的条件，计算机也会不折不扣地执行。这就有可能带来意外的后果。

第五节 状况百出的加密货币

新形态的加密货币看上去很好，但没有经过实践验证的新技术一旦经受了现实的考验，就会很容易产生巨大的风波。加密货币正式落地之后，可谓状况不断。

· 起伏不定的价格

我们先来看两个比特币的价格走势图（见图2-1、图2-2）。

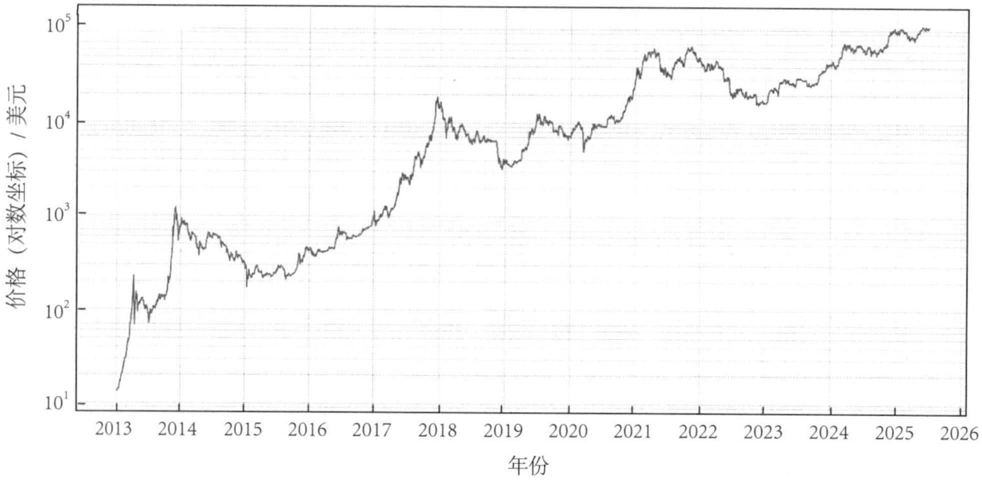

图2-1　2013—2026年比特币价格走势图（对数坐标）

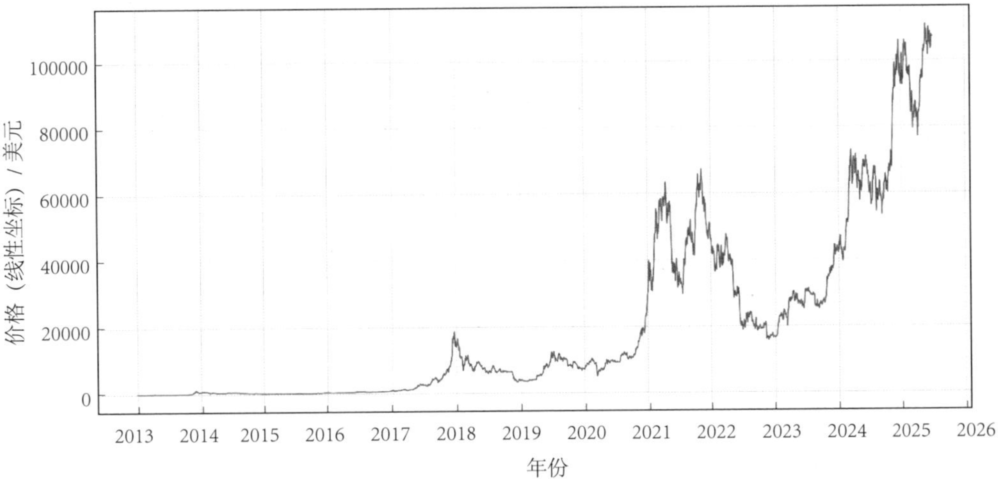

图2-2　2013—2026年比特币价格走势图（线性坐标）

从图中我们可以看出比特币的价格走势有多么惊心动魄。笔者之所以把起点设置在2013年，是因为这一年是比特币“过山车之旅”的起点。受塞浦路斯银行危机等因素的影响，比特币价格在2013年4月9日冲到历史新高，约260美元。随后泡沫破裂，比特币价格惨跌。

此后，比特币价格的大起大落几乎成为一种常态。2017年末，比特币从年初不到1000美元飙升至接近2万美元的高位，随后出现崩盘式下跌，于2018年底跌破3500美元，跌幅超过80%。另一次大的波动发生在2021年，比特币价格在2021年4月突破6万美元，创下新高，不久后又腰斩式下跌了超50%，从高点迅速跌至3万美元以下。

比特币价格的涨跌幅度之大远超一般的资产，以太坊的行情也不遑多让，最初每枚仅数美元，2017年价格暴涨了百倍，但2018年又急跌，然后在短短几年内飙升，到2021年时突破4000美元，随后价格再次出现断崖式的下跌。这种剧烈的周期性波动使得投资者稍不留神就可能会倾家荡产，显然并不是一种优秀的投资方式。

加密货币自诞生以来最为人诟病的一点就是缺少锚定物，价格走势完全依赖市场，而且是不受监管的市场。可以想象，市场中游荡着多少妖魔鬼怪。普通人如果涉身其中，稍有不慎就会倾家荡产，更遑论拿它作为货币使用。

· 交易速度与能源消耗

交易速度是比特币的第二个“命门”。

VISA这样的传统支付网络每秒可以处理成千上万笔交易，这种交易速度是比特币等加密货币难以企及的。受区块大小和工作量证明机制的限制，比特币区块链上的一笔交易等待10分钟甚至1小时都是很正常的。网络繁忙时，交易速度更是雪上加霜，用户需要排队等待，想要插队的话就得付出高昂的手续费。2017年末，以太坊上一款名为“加密猫”（CryptoKitties）的游戏过于火爆，一度占据了以太坊超10%的交易量。这直接造成了以太坊网络拥堵，大量交易陷入长时间的等待状态。显然，如此低的吞吐量和时常拥堵的状况，使加密货币难以满足日常生活中大量的小额支付需求。

另一个缺陷则是能源消耗。“挖矿”是早期加密货币维系网络安全的核心机制，但这种工作量证明机制需要全球大量的计算机做繁重的运算，进而耗费巨大的电力。根据《2025年比特币能源消耗统计数据：效率、监管与绿色技术》（“Bitcoin energy consumption statistics 2025: efficiency、regulation & green tech”），比特币年度电力消耗量达到了173TWh，超过了消耗量为158TWh的巴基斯坦。如此庞大的能源消耗引发了社会各界对环境的担忧。毕竟，耗电越多意味着碳排放越多。在提倡环保节能的时代，加密货币的高能耗特性饱受批评。这种技术上的高能耗、低效率不仅增加了使用成本，也让人质疑比特币作为日常货币使用的可持续性。

· 安全隐患

比特币还有一个要命的点就是安全问题。加密货币的交易是不可逆转的，一旦交易被网络确认就再也无法撤销。这就带来了一系列财产安全问题。

一方面，如果用户不慎把比特币转错了地址，那这笔钱基本上就找不回来了，没有任何中介机构可以帮忙撤销错误、追回资金，用户就只能自担后果；而我们在使用银行服务时，如果转错账或遇到欺诈，那么用户尚有机会向银行和监管机构寻求帮助。

另一方面，加密资产的保管责任完全在个人，一旦丢失私钥、密码，资金就彻底丢失了。许多早期的持币者就曾因忘记密码、丢失钱包私钥这样的事情而痛失巨额财富。最出名的莫过于英国程序员詹姆斯·豪厄尔斯（James Howells）的故事，他不慎将存有7500枚比特币私钥的硬盘当垃圾扔掉，事后不得不跑到垃圾填埋场翻找，但最终也没有找到。私钥是唯一能支配加密货币的凭证，失去私钥就等于失去对加密货币的控制权。

即便用户自己不犯错，使用加密货币的外部安全风险也是很高的，当年著名的Mt.Gox比特币交易所被黑客攻击就是一记警钟。Mt.Gox曾是世界上最大的比特币交易平台，但在2014年初遭到黑客攻击，平台内大约85万枚比特币被盗。这相当于当时市值数亿美元的资产瞬间蒸发，数万用户的积蓄无影无踪。Mt.Gox随后申请了破产保护，绝大部分的用户最终只拿回了极少的赔偿款。这起事件直接导致比特币价格暴跌，并暴露出加密货币交易平台存在的另一个严重问题——监管和风控严重不足。在此后的数年里，加密货币领域接连发生了多起交易所失窃、跑路事件（如Bitfinex交易所被盗以及FTX倒闭等），结果无一不是用户自己为损失买单。对于普通投资者来说，一旦平台出事就只能自认倒霉。这样的环境很难让人放心地将比特币作为稳定可靠的支付工具。

· 谁来监管加密货币

加密货币发展太快，已经聚集了巨量资金，但多数国家还没回过神，对其缺乏明确的法律定义和监管框架。所以，对于投资者而言，他们涉足加密货币领域，实际上就是在缺乏保障的环境中直面风险。

欧洲银行管理局早在2013年就警示消费者，使用比特币等虚拟货币进行支付时无法受到任何监管的保护，血本无归的话也只能自食其果。而且早期加密货币的特性也决定了没有任何手段能维持其价值的稳定，在发生恶意的市场操控事件时，用户根本无法寻求法律的保护。

加密货币交易所不像银行那样受金融监管当局的管制，也不受存款保险等制度的保护。一旦交易所倒闭、卷款跑路，用户的资产根本无法通过法律途径追回。Mt.Gox事件发生后，不少投资者才意识到这一点，但为时已晚。

在缺少监管的情况下，加密货币市场成了各种欺诈和非法活动滋生的温床。2017年席卷全球的首次代币发行（ICO）热潮中，有不少打着区块链名义圈钱的骗局。不计其数的投资者盲目投资这些项目，最后大多血本无归。事态失控后，一些国家的监管机构才果断出手干预。2017年，我国紧急全面禁止了ICO融资并关闭了国内所有加密货币交易所，以此来遏制加密货币市场的无序扩张和风险蔓延。而由于加密交易的匿名性，不法分子还喜欢利用比特币洗钱、进行黑市交易等。一旦执法部门突然查封某个交易平台，那么投资者所面临的将会是欲哭无泪的局面。

第六节 比特币带来的思考

比特币的出现证明了货币体系可以以一种有别于传统央行模式的全新方式来实现，但是受限于自身的种种问题，比特币很难成为理想的稳定支付工具。

但是，技术发展脉络大都如此：新技术被发明出来后暴露出问题，继而解决问题，最终引领下一个时代。面对加密货币的种种问题，人们不禁要问：“有没有一种方法，既能维持加密货币的稳定性，又能继承其去中心化的优点呢？”带着这种“既要又要”的期许，人们开始了新的探索，其中最引人注目的尝试之一，便是稳定币。

第三章

拥有“锚”的加密货币——稳定币

如果说早期的加密货币市场像阴晴不定的“魔鬼三角”，那么稳定币就是这片海域里风平浪静的避风港。

稳定币的创新就在于，它给自己戴上了稳定资产的“锚”。

第一节　稳定币初登场

2014年是稳定币发展史上的一个节点。这一年7月，由创业者布洛克·皮尔斯（Brock Pierce）等人创立的Realcoin项目在拉斯维加斯比特币大会上亮相，这就是后来改名为Tether（USDT）的全球首个以1∶1美元法币储备为锚定的稳定币。

Realcoin的理念非常直观：每发行1枚数字代币，Tether公司承诺持有1美元的资产储备，用户可以随时按1∶1的比例将代币兑换回美元。这就像是我们常去的商超发行了一种店内购物券，顾客可以用100元换取100面值的购物券，每1面值可兑换1元等值的商品和退款。有了商家100元的现金保证，每1面值的价值便稳定在1元，不会凭空出现波动。USDT背后的Tether公司通过全额储备确保USDT价格锚定在1美元，这一创新性理念使得区块链上也拥有了可以像美元一样稳定计价的数字货币。

USDT出现后迅速被交易者当作宝贝。假设某人在交易所A卖出比特币换成USDT，那么他可以在几分钟之内再将USDT转到另一家支持USDT的交易所B，再卖出USDT兑换为美元。相比通过银行电汇，这种操作的效率要高出不少，大大提升了资金周转效率。

在2017年的首次代币发行热潮中，USDT更是成为投资者在项目之间调度资金的中转站，很多投资者募资得到新代币后，都会先换成USDT暂存起来，然后观望下一个机会，再将USDT投入新的项目，从而避免资产因行情波动而缩水。自此，稳定币逐渐成为加密市场流动性的核心，在币圈扮演了“数字美元”的角色。

继USDT之后，2017年出现了去中心化稳定币DAI，2018年又有由Circle公司发行的USDC，此后还有锚定欧元、日元等法币以及锚定黄金、大宗商品的稳定币。经过数年的发展，稳定币的市值从2017年初的不到5亿美元猛增至如今的数千亿美元，稳定币已成为加密货币领域不可或缺的基石。在2023年前后，市值排名前五的加密货币中就有两席是稳定币。稳定币的影响力也进一步出圈，吸引了很多传统金融机构和监管部门的关注。这种源自民间的加密货币，正日渐融入主流的金融世界。

第二节　稳定币好在哪

稳定币之所以能够在加密世界迅速走红，最主要的原因在于它结合了传统货币的稳定与数字货币的便利两方面的优势。稳定币可以看作披上数字外衣的美元，它具备数字货币快速转账、低手续费、链上流转全天候运作的优点，却又没有比特币等加密货币价格波动方面的风险。与比特币、以太坊等加密资产相比，稳定币能更好地扮演支付媒介、价值存储和计价单位的角色。

1.价值稳定

稳定币最突出的优点就是币值稳定。由于大多数稳定币与美元等法币都是1∶1的锚定比例，理论上1枚稳定币始终等同于1法币，所以稳定币不会像比特币那样在一天之内涨跌惊人。当加密市场行情发生剧烈波动时，很多交易者都会把资金从比特币、以太坊等币种转换为USDT、USDC这类稳定币，暂时锁定其价值。而对于身处高通胀国家的普通人来说，稳定币同样是财产保值的工具。如果在允许加密货币交易的地区，本国货币贬值严重，那么通过手机购买锚定其他法币的稳定币，就等于把财富转成了数字化的外币资产，从而能够抵御剧烈通胀带来的损失。由于没有价格大幅波动的风险，稳定币也非常适合作为日常交易的计价单位和交换媒介，人们无须担心收付款后出现币值暴跌的情况。正因价值稳定，稳定币在加密货币生态中建立起了广泛的信任基础，让用户敢于持有和使用。

2.支付便利

除了币值稳定，稳定币还继承了加密货币的效率和便利性。跨境汇款的耗时是非常长的，有时可能需要数天，中间还要经过银行和支付机构，手续费也非常高。而通过稳定币转账，这些成本就被降到了非常低的水平，7×24小时不间断的区块链网络能让资金不受时区和银行营业时间的限制，几分钟内就可以到账。由于没有高额的手续费和汇率差价，交易费用也远低于银行电汇。

如果一位越南的水果出口商要收取1000美元的货款，选择走银行的话除了要扣掉几十美元手续费之外还得等待好几天，而用稳定币结算的话，几分钟就能到账，链上手续费也仅需几美元。对商家和个人来说，使用稳定币支付就像是用“数字现金”一样，既快捷又省钱。而且每笔稳定币交易都会被记录在公开的区块链账本上，透明且不可篡改，这也提升了资金流动的可追溯性和安全性。

稳定币降低了普通人参与全球金融活动的门槛，只要有一部联网的手机，连银行账户都不需要就能收发这种全球通用的货币。对于缺乏基础金融服务的人群而言，稳定币提供了前所未有的支付便利和金融普惠。

3.金融生态的纽带

一方面，稳定币让传统法币的价值能够以数字的形式进行流通，持有者可以在区块链上使用稳定的资产，将现实中的货币价值无缝带入数字经济。

另一方面，在原生加密领域，稳定币也已成为去中心化金融（DeFi）的基石。许多去中心化借贷、交易、理财协议都以稳定币作为计价和结算单位，让用户可以在点对点金融服务中规避风险。由于币值锚定，稳定币是DeFi应用中首选的抵押品和流动性媒介。

因此，越来越多的场景开始接受稳定币支付，例如出口贸易以及一些新兴市场的日常交易，这也拓宽了法币的使用渠道。截至2024年底，全球稳定币总市值已超过2000亿美元，当年的链上交易额高达27.6万亿美元，超越维萨（Visa）和万事达卡（Mastercard）等传统支付网络，显示出其跨境支付与结算的巨大潜力。

凭借着价值稳定、支付便利和能够成为金融生态的纽带这三大特质，稳定币逐渐成为连接传统金融与数字资产的桥梁，将原本割裂的两种金融体系逐渐融为一体。

第三节 稳定币的锚定机制

前文在讲解稳定币时，都是将法币锚定当作背景，主要原因是这种类型的稳定币占据了绝大多数的市场份额。事实上，稳定币所选择的参考资产不一定是法币。目前来说主要有三种锚定机制：法币抵押型、加密资产抵押型和算法型。当然，现在也有一些稳定币采用混合型的算法机制，后续的内容中我们会讲到。下面我们简单介绍一下这三种机制。

1.法币抵押型稳定币

顾名思义，法币抵押型稳定币是利用现实世界的法币储备作为支撑。这类稳定币的发行方会在银行和托管机构准备足额的法币储备，每发行1枚数字稳定币，就存入1单位法币作为储备。这种做法就像当初的金本位制，每枚稳定币都对应着保险箱中真实的货币。

当用户想获得稳定币时，需要先支付等额的法币给发行方，发行方会在区块链上生成相应数量的稳定币并交给用户；当用户希望将稳定币兑换回法币时，可以向发行方要求赎回。发行方会将储备账户里的法币返还给用户，随后在链上销毁对应稳定币。

2.加密资产抵押型稳定币

加密资产抵押型稳定币的思路是通过将链上的加密货币作为抵押品来发行稳定币。这类稳定币一般由智能合约锁定用户抵押的加密资产，然后根据抵押资产的价值按一定折算率来发行。由于加密资产价格波动较大，为提高安全性，一般都会要求超额抵押，即抵押品价值显著高于发行的稳定币价值（比如需要抵押价值150元的加密资产才能换取价值100元的稳定币）。可以将这种机制理解为提高抵押比例的借贷，假如就按照资产面值来算的话，一旦抵押品的价值下跌，那么发币机构就会亏损。

超额抵押的结构能确保即使抵押的加密资产价格下跌，稳定币也能够有充足的资产支撑，不至于一降价就失去锚定。而一旦抵押品的价值因市场波动跌破一定阈值，系统的智能合约就会自动触发清算程序，将抵押资产进行出售，用所得资金回购并销毁相应数量的稳定币。这个过程相当于在抵押品不足时及时补足差额，以保证流通中的稳定币始终有足值资产支撑。

3.算法型稳定币

算法型稳定币又被称为无抵押稳定币，它的机制比较特殊，不以任何资产作为储备，而是通过预先设定的算法和智能合约来动态调节稳定币的供给，从而维持其与参考资产的价值锚定。

算法型稳定币的系统就像一个自动调节供需的中央银行机器人，它会持续监测市场价格并据此采取行动。当稳定币价格高于目标价（比如高于1元）时，算法会增加供给，发行更多的稳定币，相当于印钞以拉低币价；当稳定币价格低于目标价时，算法则会减少供给，回购、销毁部分稳定币，相当于回笼货币以推高币价。通过这种供需自动平衡机制，算法型稳定币能够在没有抵押资产的情况下尝试将币价维持在锚定水平。

由于没有任何资产做后盾，算法型稳定币完全依赖市场信心和算法规则来进行运作。这套机制就像是有一个永不疲倦的中央银行机器人在实时干预市场，但其稳定效果在很大程度上取决于算法设计的有效性以及市场参与者是否愿意配合这些调节。当且仅当大多数参与者跟随算法提供的价格激励去买入或卖出时，才能确保这种稳定机制发挥作用。

第四节　稳定币的风险

在前面的内容中，我们探讨了比特币等早期加密货币的潜能与局限，其以去中心化和技术创新的方式挑战了传统金融体系，却由于种种原因难以成为稳定的支付工具。

稳定币针对加密货币的痛点进行了一系列的创新，通过某种机制，将自身的价值锚定在相对稳定的资产上，在继承加密货币去中心化与全球化特点的同时，也解决了价格波动过大的问题。

然而，风平浪静的水面下也会潜藏着暗流。稳定币虽以“稳定”为名，但也存在着一些不容忽视的风险。

1.脆弱的信任结构

稳定币能保持价格锚定，所依赖的是一种承诺，即发行者声称在某处储备了与流通量等值的资产，并且随时可以按面值兑付。然而，除非这种资产是完全透明、可验证且具备流动性的，否则这种承诺本质上只是建立在信用基础上的契约。一旦外部环境出现动荡，或者市场对发行者的储备能力产生怀疑，稳定币就可能陷入挤兑危机，导致锚定失效。

2.复杂的机制设计

为了维持价格稳定，不同稳定币采用了不同的技术和经济模型，有的用抵押资产作为担保，有的通过算法调节供给，还有的是依赖某种混合结构。虽然表面看上去设计精密，但其中许多机制本质上高度依赖市场行为的配合，甚至需要满足很多前提条件才能完美运作。一旦市场偏离预期，或者发生流动性不足的情况，这些稳定机制本身就可能成为不稳定的源头。

3.充满不确定性的监管环境

稳定币不像法定货币那样有国家信用和法律背书，也不像完全去中心化的加密货币那样超脱权力体系。从某种意义上来说，稳定币正处于法律定位尚未完全清晰的过渡地带。一旦政策风向突变，某些稳定币项目就可能会面临合规风险和清算压力，最差的情况是被迫中止运营。

因此，“稳定币”这个名字虽然给人一种安心的感觉，但我们必须意识到，其所追求的“稳定”，在本质上是有条件、依赖机制且易变的“稳定”。稳定币并非绝对安全，它可能比比特币更适合用于日常交易，但还远未达到无懈可击的程度。

第五节　谁在用稳定币

近年来，稳定币市场规模呈现出极为迅猛的增长态势。截至2025年6月，全球稳定币的总市值已突破2500亿美元，其中以法币抵押型稳定币为主，占比超九成。当前市场格局以少数几种头部稳定币为主导，包括Tether公司发行的USDT、Circle公司发行的USDC，以及去中心化自治组织MakerDAO推出的DAI等。USDT、USDC和DAI三者合计市值占比约为93%，在整个稳定币市场中占据绝对主导地位。其中USDT市场份额最大，市场占有率超过60%。

在中心化交易所（CEX）中，稳定币已经成为最主要的交易媒介。数据显示，2024年在加密市场中，超过90%的订单簿交易使用稳定币作为计价单位。2024年，稳定币在区块链上的交易额约为27.6万亿美元，甚至超过了维萨（Visa）和万事达卡（Mastercard）的交易额总和。如此庞大的交易额主要来自加密市场的活跃买卖，稳定币的日交易额常高达数百亿美元，已与某些主要法币的日均外汇交易量处于同一量级。

在去中心化金融（DeFi）领域，许多DeFi协议（如借贷平台、去中心化交易所等）都是围绕稳定币运作的。用户可以将闲置资金以稳定币形式存入借贷协议以获取利息，或将稳定币作为抵押品借出其他加密资产。在自动化做市商（AMM）等去中心化交易所中，稳定币通常作为流动池的一端，帮助用户在不同代币间实现低滑点兑换。

截至2025年5月，仅以太坊网络上就流通着约1240亿美元规模的稳定币，总量占整个稳定币市场的一半以上。其中很大一部分被锁定在各类

DeFi协议中。数据显示，2024年，稳定币链上转账金额约占全网加密资产转账总额的六成以上。

除了在加密市场内部广泛流通外，稳定币也越来越多地被应用到现实世界的支付和结算场景。一些金融机构和支付公司已开始尝试利用稳定币来改进跨境汇款服务，比如跨境支付巨头MoneyGram早在2022年便与Stellar区块链网络达成合作，推出了基于USDC的跨境汇款服务。该服务在试点阶段便取得了良好的反响，目前已覆盖东南亚、非洲、拉丁美洲等多个地区，为这些传统汇款费用高企的市场带来了更低成本的替代方案。数据显示，在尼日利亚等外汇短缺且汇款成本高昂的国家，使用稳定币进行汇款能够将费用削减约60%。

在日常商贸和电商结算领域，也有越来越多的商家通过第三方支付工具来接受稳定币付款，像是Visa等传统支付网络已开始试点将稳定币纳入其清算流程。目前，Visa已允许部分商户直接使用USDC进行每日跨境交易的清算。同样，知名支付公司Stripe在2024年斥资收购了一家专注于加密支付的初创企业，计划帮助企业客户通过稳定币进行收付款，并支持后台自动将稳定币兑换为法币，实现类似信用卡般便捷的结算体验。

支付巨头PayPal也于2023年推出了自有品牌的美元稳定币PYUSD，使用户能够在其平台以及支持的区块链环境中以“数字美元”进行消费和转账。虽然PYUSD的初始发行规模不大，但增长势头十分迅猛。上线后，其链上交易量一度激增，活跃使用该币的钱包地址数量也飙升。

作为价值储藏手段，稳定币在一些高通胀国家也展现出了独特优势。例如，在阿根廷，长期居高不下的通胀导致比索不断贬值，大众对美元的需求极为旺盛。然而由于受到外汇管制，兑换美元纸币变得越来越困难，于是不少人转而购买稳定币作为替代，在当地交易平台上，稳定币交易量占据的市场份额较高。当比索贬值的预期增强时，阿根廷居民就会大量买入稳定币，将其作为避风港以保存资产价值。

同样，在土耳其、委内瑞拉等深受通胀影响的国家，无论是个人还是企业都会大量持有USDT、USDC等稳定币，以对冲本币贬值和汇率波动风险。值得一提的是，不同地区对稳定币的使用偏好还是存在差异的。例如，欧盟企业更倾向于将稳定币用于B2B（企业对企业）支付和企业间结算，像是开具发票、跨境付款等场景；而拉丁美洲和非洲的许多个人用户则更注重将稳定币作为日常交易和储蓄工具，以应对本地金融环境的不稳定。

详解篇

让币“稳住”的方法

——稳定币的锚定机制

稳定币的核心价值在于“稳”，而这种“稳”究竟是如何实现的？不同的策略又有怎样的表现？这就是本篇要探讨的问题。

第四章

用法币做抵押的稳定币

正如金本位制以黄金锚定货币价值一样，用法币托底是最常见的稳定币锚定方式，也是目前最被认可的锚定方式。

第一节　最老牌的稳定币：USDT

泰达币（Tether，代币名称为USDT）是全球首个获得广泛应用的法币抵押型稳定币。USDT与美元实现了1∶1的挂钩，发行方承诺每发行1枚USDT，均会有等值的1美元资产作为储备支持。作为稳定币领域的开创者，USDT现已成为全球市值和交易量最大的稳定币。截至2025年7月中旬，USDT的流通市值已突破1600亿美元。

· 历史与发展

USDT的起源可以追溯到2014年7月，当时布洛克·皮尔斯（Brock Pierce）等人共同发起了名为“Realcoin”的稳定币项目。2014年10月6日，Realcoin在比特币区块链的Omni协议上发行了首批代币。同年11月20日，该项目更名为“Tether”，并进入封闭测试阶段。最初，Tether推出了三种与法定货币挂钩的代币：美元泰达币（USDT，锚定美元）、欧元泰达币（EURT，锚定欧元）和日元泰达币（JPYT，锚定日元）。Tether团队宣称，每种代币都由其对应的法定货币100%等值储备支持，持有者可随时按1∶1的比例无风险兑换回法币。

Tether的理念颇具前瞻性，但是市场在一开始对于USDT的反应还是相对平淡的，这种不温不火的局面直到2015年才发生了转变。发生转变的契机是Tether被总部位于香港，同时也是Bitfinex交易所母公司的iFinex公司收购，并迅速与Bitfinex平台实现无缝整合。

自2015年1月起，Bitfinex允许用户直接交易USDT，这样一来，USDT的流通性和市场知名度都得到了非常大的提升。在大型交易所的推动下，USDT的市值和交易量开始快速攀升，随着2017年加密货币市场牛市的到来，USDT的发行量从2017年初的不到1000万美元，激增至2018年秋季的近28亿美元。经过几年的发展，USDT成为交易所中最主要的美元替代品，高峰时期在Bitfinex上贡献了80%的比特币交易量。

然而，事情也并非总是一帆风顺的。2017年末，Tether因银行渠道受阻的问题第一次陷入了比较大的困境。此前一直为Tether提供美元清算服务的银行，由于担忧Tether缺乏充分的客户身份识别（KYC）等合规措施，最终于2017年终止与Tether的银行业务合作。这一事件严重影响了Tether在法币与加密货币之间的兑换能力，直到Tether在波多黎各和巴哈马等地找到新的银行合作伙伴后才勉强维持储备资金的流动。

进入21世纪20年代，USDT在坐稳了稳定币龙头地位的同时，也在不断地拓展使用场景和基础设施。除了最初基于比特币网络的Omni协议，USDT又相继支持以太坊、波场（TRON）、Solana等主流公链，显著提升了转账效率并降低交易费用。与此同时，Tether公司还发行了更多锚定法币的稳定币产品以及与实物资产挂钩的代币（如以实物黄金为支撑的Tether Gold，代码XAUT）等。虽然这些衍生产品的市场影响力尚无法与USDT本身相比，但它们展现了法币抵押型稳定币良好的可扩展性。

· 运作机制

作为法币抵押型稳定币的代表币种，USDT的核心机制是在中心化机构的管理下，通过充足的法币储备来保持币值稳定。

当用户希望获得USDT时，可将等额的法币存入Tether公司或其合作机构的银行账户，Tether随即按照1∶1的比例增发对应数量的USDT数字代币；当用户需要将USDT兑换回法币时，可向Tether提交兑换申请，Tether会销毁相应数量的USDT，并按1∶1的比例返还等值的法币资金给用户。通过这一发行和赎回机制，每一枚USDT代币都对应着银行账户中的真实的法币资产（或者是等价的高流动性资产），从而确保USDT能锚定在1美元左右的价位。只要用户相信Tether公司具备足额的储备并愿意进行兑换，USDT在二级市场上就能维持住1美元左右的交易价格。

一旦USDT出现偏离锚定价的情况，例如跌至1美元以下，套利者就有动力低价买入USDT并前往官方渠道按1美元兑换，从而推高市价恢复平衡；如果USDT暂时高于1美元，套利者就可以从Tether以法币申购USDT再抛售，增加市场供应压低价格。通过市场机制的调节和持币者对Tether公司储备的信心，USDT的币值得以稳定在1美元左右。

USDT由一家中心化公司发行和管理，它的信任机制依赖于发行方的信誉和储备管理能力，而非算法或去中心化协议。这种做法的优点是模型相对直观，价格锚定效果比较明确，理论上每一枚USDT都有真实资产支撑，兑现风险较低。法币抵押的方式也避免了加密市场波动对稳定币价值的直接冲击，在市场恐慌时也更容易让持有者保持信心。

USDT的局限性也在于信任，用户必须信任发行方确实持有足额且安全的储备资产，并严格遵守1∶1兑换承诺。如果发行方擅自超发代币、挪用储备资产，或者储备资产质量欠佳的话，USDT的锚定价值就会受到威胁。

· 争议与风险

尽管USDT获得了巨大的成功，但围绕它的争议却从未停止过，对其稳定性的质疑与监管审查则是主要的争议点。

1.储备透明度与合规性

对于一种承诺100%储备支持的稳定币来说，储备资产的透明披露和可信验证是非常重要的，Tether长期以来正是在这一点上饱受诟病。

Tether在早期一直都没有提供权威的审计报告以证明其储备金的充足与透明，自2017年以来，Tether曾多次宣称将进行全面审计，但是这个承诺却一直未能兑现。公司直到2022年才开始聘请会计师事务所定期出具季度鉴证报告，但这显然无法替代完整的审计。

这些鉴证报告仅在特定时点对资产储备进行静态披露，严格程度远低于审计。这一点也曾引发过市场恐慌。2018年10月，受各种传言的影响，投资者因怀疑USDT储备不足而出现了集中抛售的情况，导致USDT短暂脱锚，这一事件也给Tether敲响了警钟。

此后，监管机构的调查进一步证实了市场的部分担忧。2021年，美国商品期货交易委员会（CFTC）认定，Tether在2016年至2019年间，曾长时间未能保持足额的美元储备，但是却对外宣称每一枚USDT都“100%由美元支持”。这一虚假陈述最终导致Tether被处以4100万美元罚款。面对监管方面的压力，Tether随即修改了官网措辞，将USDT描述为“100%由Tether储备支持”，不再限定为美元。这一事件也暴露出USDT早期储备管理方面的不足。

在缺乏严格监管的情况下，稳定币发行方可自主决定储备资产的具体构成，这也带来了潜在的风险。2021年前后，Tether的储备中有相当一部分是非现金资产，其中包括商业票据、短期债券以及对关联方的借贷。外界一度质疑Tether持有的大量商业票据存在信用和流动性风险，而Tether对这些资产的披露也极为有限，使得外界难以判断其资产质量与变现能力。

面对持续的质疑，Tether近年来也做出了一系列的调整。2022年10月，Tether宣布已将储备中的商业票据投资降为零，全部以美国国债等更安全的资产替代。截至2025年1月，Tether披露其约84.1%的储备为现金、现金等价物和国债等安全资产，其中包括超900亿美元的短期国债，其余不到16%的储备为其他投资及担保贷款等。得益于美联储加息带来的高额利息收入，Tether在扣除负债后已积累了数十亿美元的超额储备，建立了一定的资本缓冲。尽管这些举措在一定程度上减少了外界的质疑，但市场仍然在呼吁Tether能够实施彻底的独立审计，并提升实时透明度。

2.与Bitfinex的关系及资金挪用风波

Tether与加密货币交易所Bitfinex同属一家母公司，这种关系在带来生态协同的同时，也埋下了利益冲突的隐患。2019年，美国纽约州总检察长办公室对Tether及Bitfinex提起诉讼，指控Bitfinex在客户资金巨额亏空的情况下，挪用了Tether的部分储备金以填补窟窿，并对投资者隐瞒了真相。

事件的导火索是Bitfinex的一家支付代理商Crypto Capital因涉嫌违法被查封冻结，导致约8.5亿美元资金无法追回。Bitfinex被指控在未告知投资者的情况下，从Tether储备中借用资金弥补缺口，导致相当数量的USDT没有对应的美元支撑。这一指控如果属实，无疑是损害了USDT持有者的利益和信任。最终，Tether和Bitfinex在2021年与纽约州达成和解，同意支付1850万美元罚款了结此案，并承诺提高透明度，但是并未就指控内容承认过错。此后，纽约州禁止这两家公司在本州开展业务。

3.操纵市场的指控

除了储备金问题，Tether是否被用于操纵加密货币市场价格的问题也长期受到了外界的关注。特别是在2017年比特币价格暴涨期间，USDT大幅增加发行量引发了广泛关注。一些学者研究发现，每次在比特币价格下跌时，都会有大量的USDT从Bitfinex流向其他交易所，然后比特币的价格就会出现回升，因此有人怀疑USDT被用作“托市”工具以抬高币价。美国得克萨斯大学教授John Griffin等人在论文中指出，极少数集中交易时段内的大额USDT发行和买入行为，可能对比特币当年涨幅起到了显著推动作用。这一结论在市场上引发了轩然大波。

针对上述指控，Bitfinex与Tether坚决否认，相关人士指出上述研究存在数据选择上的偏差，并强调他们“从未参与任何形式的市场操纵”“USDT的发行也绝不可能用于人为支撑比特币等加密货币的价格”。随后也有独立研究质疑前述的操纵指控，认为缺乏充分证据证明USDT的注入直接导致比特币价格的系统性抬升。有分析指出，比特币价格的上涨更多是市场对USDT增发消息的正常反应，而非幕后操控的结果。

截至2025年7月，这类市场操纵指控尚未得到监管机构的正式认定。不过，围绕USDT发行与加密货币市场走势关联性的讨论，也再次凸显了缺乏监管约束的稳定币在市场透明度方面所存在的突出问题。

4.监管与合法性风险

作为规模庞大的准金融产品，USDT也越来越多地受到全球各地监管者的审视。由于稳定币业务在早期缺乏明确的法律框架，USDT长期游走于监管的灰色地带，这就带来了潜在的合规性风险。

一方面，监管部门担忧稳定币可能威胁到传统金融体系的稳定、削弱法币主权，并可能被不法分子用于洗钱、规避资本管制等非法目的。有报道指出，USDT曾多次出现在洗钱案件中，这一点引发了监管机构的高度警觉。针对这些问题，Tether公司表示已采取多项措施加强合规管理，并积极配合全球执法机关冻结涉案账户。

另一方面，各国监管者也在不断探索对稳定币实施更严格的监管和资本要求。像是CFTC对Tether的处罚、纽约州对Tether业务的禁令，以及美国国会通过的《稳定币透明度与问责法案》等，都体现了监管层面在稳定币领域制定规范的决心。如果未来监管政策进一步收紧，要求稳定币发行商获得牌照、定期披露储备信息、接受独立审计，甚至持有存款保险等，无疑将对USDT的运营模式产生重大影响。

在欧洲和亚洲的部分司法管辖区，监管沙盒制度为稳定币提供了临时的合规空间。但从长远来看，随着央行数字货币（CBDC）的兴起和全球监管环境的日益收紧，Tether等民间稳定币如何定位自身、应对合规挑战，仍存在较大的不确定性。

第二节　合规派的代表：USDC

· 创立背景

USDC（USD Coin）的故事要从2018年说起。当年，美国知名的金融科技企业Circle与加密货币企业Coinbase决定联手发行一种与美元等值的数字货币。他们成立了合资公司Centre，各自持股50%，共同推出了锚定美元的稳定币USDC。2018年9月，USDC正式发布，并于10月开始在市场流通。Circle作为USDC的发行方，负责具体的日常运营；而Coinbase则帮助确定USDC协议的发展方向，并在自家交易所上线USDC交易对，为USDC迅速打开了市场。这种模式让USDC从一诞生就备受瞩目，到了2019年初，USDC流通量已接近3亿美元。

USDC的诞生所针对的正是USDT的缺陷，鉴于USDT未能满足人们对透明和合规的高要求，Circle才决心打造属于自己的美元稳定币。在随后的几年里，USDC经历了快速的发展与蜕变。2019年后，尽管市场不断波动，但Circle选择聚焦USDC业务，剥离了其他非核心板块，将全部精力投入稳定币生态中。

2020—2021年，去中心化金融的兴起让USDC的需求激增。短短一年时间，USDC流通量大幅增长。USDC的市值从最初的几亿美元一路攀升，在2022年突破500亿美元。2023年8月，伴随业务调整，最初的Centre联盟宣告解散，Circle收购了Coinbase在USDC项目中的股权，从而完全掌控了USDC的发行生态（不过Coinbase依然保留部分收益分成权）。

· 运作机制

作为法币抵押型稳定币，USDC同样是与美元1∶1锚定，其核心的储备资产和发行回购机制也与USDT别无二致。

但不同的是，USDC更加强调简单、透明，也更愿意拥抱监管，这使得USDC广受市场好评。

1.储备结构

起初，Circle的储备中除了现金之外，也同样有商业票据、公司债券等，但自2021年9月起公司便主动将所有的USDC储备改为现金和现金等价物。截至2025年7月，Circle绝大部分的储备资金都投资于短期美国国债，并通过贝莱德（BlackRock）管理的Circle储备基金持有，占比约85%；其余15%左右为现金，分散存放在包括纽约梅隆银行在内的多家大型银行的受监管账户中。Circle选择这样的组合，一方面可以利用国债利息获取一定收益（被称为“无风险利率”的收益来源），另一方面也能确保在任何时候都有充足的美元现款来应对用户的赎回需求。

2.审计和透明度机制

稳定币的生命线在于信任，而信任来源于透明。Circle在USDC的运作上采取了堪称行业标杆的透明度措施。

Circle承诺USDC的储备资金与流通代币的数量每天都保持1∶1的比例，并引入了独立审计/鉴证机制来定期证明这一点。Circle每月都会邀请知名的第三方会计师事务所对USDC的储备进行审阅，并出具一份审计证明报告，确认储备资产价值大于或等于未偿还的USDC数量。这一工作长期由全球知名的会计师事务所Grant Thornton LLP（该公司在审计领域享有盛誉）执行，相当于每个月都向公众“报数”，证明账上有足够的美元支撑所有流通中的USDC。除了每月的独立鉴证，Circle自身也会频繁地进行数据披露，每周都会在官网更新USDC储备的简要信息，包括储备中的现金和国债余额、USDC的发行和赎回量变动等。这些信息公开在Circle的官网上，任何人都可以查看。自2018年USDC面世以来，Circle已经连续多年坚持发布储备报告，并在2021年、2022年作为拟上市公司向美国证券交易委员会（SEC）提交了更详尽的财务披露报告。

3.合规与监管定位

USDC的发行公司Circle和合作方Coinbase皆为在美国正规注册并接受监管的持牌机构。Circle遵守美国各州的金融法规，还主动取得了欧盟的电子货币牌照。可以说，USDC在法律地位上已经被界定为一种受监管的金融产品，Circle自身也肩负着相应的法律责任和义务。反观USDT，发行方Tether注册在离岸司法管辖区，且并未在主要经济体取得正式牌照，各国政府对于USDT的运作缺乏直接的约束和监管渠道。这种做法确实给予了Tether更大的运营灵活性，使其可以服务全球某些对合规要求不敏感的市场，但不受监管可能引发合法性存疑，一些保守的机构投资者和企业出于合规审查的考虑，在面对USDT时始终会有所顾忌。未来随着各国稳定币法规的落地，USDT若不寻求合规化，在部分地区的发展就会面临极大的障碍。而Circle拥抱监管的姿态则让USDC更容易被主流金融接受。

第三节　监管沙盒：在“虚拟机”中运行的稳定币

目前，各稳定币发行机构对储备审计越来越上心，这对市场来说绝对是件好事。“内卷”的结果就是不同稳定币在储备审计和信息披露上形成了月报、季报甚至日报的梯度。像USDC、FDUSD选择了每月公布第三方审计报告，USDT则是每季度公布一次报告，而像TUSD这样的“卷王”则更加极端，从2024年开始由Moore香港会计师事务所提供每日审计服务，每天都会出具最新的储备核验报告。

而除了储备审计之外，监管部门目前还有一种有效的监测手段，那就是监管沙盒。

· 什么是监管沙盒

近年来，全球各地的金融监管部门都相继引入了一种新型的监管机制，也就是“监管沙盒”（regulatory sandbox）。它是一个受监管机构监督的“安全测试区”，监管方在有限的范围内豁免、放宽部分规定，让有创新业务想法的企业可以在真实市场环境中试验新产品和服务。在监管沙盒中，企业可以用一定数量的真实用户和交易来验证其创新模式，但需要遵守监管机构所设定的限制条件和风险控制措施。这种机制有点类似于我们电脑中的虚拟机，有围栏的保护，监管沙盒里正在测试的创新模式就不会对外部金融体系造成冲击。一旦在监管沙盒内测试成功且风险可控，相关产品就有望走向更大的市场。

监管沙盒降低了金融创新进入市场的门槛和时间成本，创业公司和银行等机构无须等所有许可都齐备，就能率先在监管沙盒内试运行新的业务模型。此外，在受控环境中测试意味着即使出现问题，影响也会被控制在“小盒子”之内，不会酿成系统性风险。

而从监管方的视角来说，监管沙盒允许监管者提前介入并了解创新业务模型的运行情况。有了监管沙盒这个窗口，监管部门就可以与企业进行实时的双向沟通，及时发现潜在的风险点，完善相应的监管规则。通过在监管沙盒内所积累的经验，监管者能够在日后正式监管时制定更加合理、高效的规定。

· 监管沙盒与稳定币

稳定币作为结合了传统金融和加密技术的产物，经常会面临监管模式不确定、市场信任不足等问题，而监管沙盒则为稳定币项目提供了一个先试先行的平台。在监管沙盒内，稳定币发行机构可以与监管者一起探索各种可能性，如测试新的合规托管方案、交易监控机制、跨境流通技术等，而无须一开始就满足所有许可的要求。这种宽松但受控的试验有助于验证稳定币在支付、清算等场景中的实际效果，让监管者看到稳定币的创新潜力以及真实存在的风险点。

对于监管者而言，监管沙盒降低了政策制定的难度。他们可以通过观察稳定币项目在监管沙盒内的表现收集数据，评估哪些监管措施是必要的，哪些创新是值得鼓励的。正因如此，全球多地监管机构都将监管沙盒视为促进金融科技（包括稳定币）发展的重要工具。在监管沙盒“鼓励创新、包容失败”的氛围下，稳定币项目更容易逐步优化自身的设计，培养合规运营的能力。与此同时，参与监管沙盒的稳定币项目也更容易赢得市场和投资者的初步信任，因为能进入官方沙盒本身就意味着获得了一定程度的监管认可和指导。这种信任是稳定币日后大规模流通时获得公众接受度的根本。

下面，我们将介绍几个具有代表性的实践案例，看看各地的监管沙盒是如何参与并影响稳定币项目的。

· 英国：率先试行金融监管沙盒

英国是监管沙盒理念的发源地。早在2015年，英国金融行为监管局（FCA）就提出了创建监管沙盒的想法，并于2016年正式启动了全球首个金融监管沙盒计划。作为金融创新的先锋举措，英国的监管沙盒为金融科技企业打造了一个“安全空间”来测试其创新产品和服务。在监管沙盒试点期间，参与机构可以豁免部分监管要求（如电子货币发行和支付业务的某些许可），并在有限用户范围内实际运营。这使得一些早期的区块链和支付创新项目可以在英国顺利起步。

在稳定币领域，英国的监管沙盒为后来者提供了很多的参考经验。虽然FCA的监管沙盒最初侧重于支付、保险等各类金融科技，但近年来也开始涉及加密资产和稳定币相关试验。通过监管沙盒，英国监管者积累了如何平衡稳定币创新与消费者保护的实践经验。举个例子，当企业在监管沙盒中测试基于稳定币的国际汇款服务时，FCA会关注其反洗钱措施、储备金管理和技术可靠性，并根据测试结果调整监管指引。这种前瞻性探索也为英国后续制定稳定币监管规则奠定了基础。实际上，英国财政部宣布将稳定币纳入支付监管体系，就是在监管沙盒成功试验的推动下做出的政策转变。

英国通过监管沙盒开了个好头，让金融监管者与创新者建立起了合作关系。监管沙盒中的公开对话使监管者了解到哪些法规可能会阻碍创新，从而在政策上做出改进。英国的经验证明，稳健的监管与大胆的创新并非是对立的。通过监管沙盒这种机制，英国在鼓励包括稳定币在内的金融创新的同时，确保了金融体系的安全稳健。这一经验也影响了其他司法管辖区，各地纷纷仿效建立自己的监管沙盒。

· 新加坡：沙盒机制与稳定币监管并行

作为亚洲的金融中心，新加坡金融管理局（MAS）早在2016年就推出了金融科技监管沙盒框架，为金融机构和初创公司测试创新产品提供受控环境，许多支付、数字银行等项目都是借此才得以顺利孵化的。如果企业涉及稳定币或者代币支付业务的话，也可以申请在监管沙盒中试运营。在监管沙盒内，MAS会与项目方密切沟通，重点关注技术风险和合规要点，以此来确保测试不会影响金融体系的稳定性。这一包容审慎的态度使得新加坡成为区块链和加密领域创业者青睐的试验场。

除了监管沙盒外，新加坡也在积极构建正式的稳定币监管框架。随着稳定币影响力的增长，MAS于2023年8月公布了针对单一货币稳定币（SCS）的监管框架，对在新加坡发行的稳定币提出了明确标准。根据该框架披露的细节，与新加坡元及其他G10货币挂钩的稳定币必须做到100%储备支持和即时赎回保障，并需要满足资本金和流动性方面的要求；发行方在获得正式牌照前仍可以利用沙盒机制进行试运行，但最终必须符合上述监管要求才能面向公众推出产品。

新加坡比较有代表性的案例是本地金融公司Xfers发行的新元稳定币XSGD。早期的XSGD就是在MAS的指导下探索的技术实现，如今该币种已经在新的监管框架下正常运营。MAS同时也在关注央行数字货币（CBDC）等领域的实验，与稳定币监管形成了互补。新加坡以监管沙盒鼓励创新，以法规巩固成果的做法不仅保障了金融创新的活力，也让新加坡在全球稳定币合规竞赛中占据了主动地位。

· 中国香港：沙盒试点引领下的合规性探索

在稳定币监管方面，我国在香港地区采用了“沙盒先行、立法跟进”的策略。作为推动本地稳定币生态可持续、负责任发展的举措之一，香港金融管理局（HKMA）于2024年3月推出了稳定币发行人沙盒。该沙盒允许有意在香港发行稳定币的机构，在获得正式牌照前先行测试其业务模式。HKMA明确要求沙盒参与者在初期不得触及公众资金、不得向公众集资或者提供产品，以限定范围、可控风险的方式进行试验。通过监管沙盒，监管机构与企业就拟议的监管要求进行双向沟通，从而共同制定出切合实际且以风险为本的监管制度。

2024年7月，HKMA公布了首批进入监管沙盒的参与者名单，包括京东币链科技（香港）、圆币创新科技，以及由渣打银行（香港）牵头，Animoca Brands和香港电讯组成的联合体。这些机构提交了详尽的业务计划，在评估中展现出了在香港发展稳定币业务的强烈意愿和完备方案，因而获得了进入沙盒测试的资格。在随后展开的沙盒试点中，京东币链科技（香港）的稳定币项目聚焦于港元稳定币在跨境支付、零售支付等情景下的应用测试；而HKMA则在整个过程中提供指导，观察这些模型的运作情况，并据此调整未来正式监管细节。

香港的监管沙盒实践为正式立法提供了有效参考。2025年5月，香港立法会通过了《稳定币条例》，建立起全球首个涵盖稳定币发行与运营的完整法律框架。该条例的出台充分吸收了沙盒阶段的经验教训，使得监管规定更有针对性。随着该条例在2025年8月的生效，香港也正式开始受理稳定币牌照申请。预计首批在沙盒中进行测试的机构将在满足条例要求后，于2025年底获得牌照并正式发行合规稳定币。可以说，我国在香港地区通过沙盒成功地衔接了创新试验与法律监管两个层面，既让企业有了探索的空间，又确保了最终落地时有章可循，树立了稳定币合规发展的典范。

· 阿联酋：沙盒监管与稳定币区域布局

阿拉伯联合酋长国（UAE）一直在积极打造金融科技中心，其采用监管沙盒和灵活牌照制度吸引了包括稳定币在内的众多创新项目。2019年，阿布扎比全球市场（ADGM）启动了数字金融监管沙盒，为金融科技公司提供受控环境测试新想法和商业模式。该沙盒平台帮助企业探索监管影响和新业务模式，在确保合规的同时促进创新。迪拜方面也设立了相应的创新支持机制，并于2022年成立了虚拟资产监管局（VARA）来专门管理加密资产业务。这些举措使阿联酋成为中东地区对稳定币和加密项目最友好的司法管辖区之一。

在稳定币领域，阿联酋已经吸引了一些国际领先项目落地，Circle公司的USDC就是其中一例。2023年，Circle公司宣布在阿联酋拓展业务，并与阿布扎比科技生态Hub71合作，在ADGM的监管沙盒中开展项目。2024年，Circle公司获得了ADGM金融服务监管局的原则性批准，有望成为当地受监管的电子货币和稳定币发行商。通过在监管沙盒中的试运行，像USDC这样全球性的稳定币可以逐步满足中东市场的监管要求，如反洗钱、客户资金托管、本币兑换等。沙盒试点成功后，Circle公司将拿到完整的金融服务许可，为阿联酋提供受监管的稳定币服务。

在立法方面，阿联酋监管机构也在制定专门针对稳定币的规则。ADGM

于2024年发布咨询文件，提出了“法定货币参照代币（FRT）”的监管框架，把单一法定货币完全支持的稳定币纳入监管范畴。文件要求发行方在ADGM持牌，并遵守储备资产质量、资本充足、赎回时效等规定，以确保这类稳定币能够充当可靠的价值媒介。该框架禁止算法型稳定币和隐私币等高风险代币在当地使用，凸显了监管的务实和审慎。

· 欧盟：初步实施MiCA监管框架

欧盟选择了与监管沙盒略有不同的路径，直接推出了全面的加密资产法规来规范稳定币的发展。《加密资产市场监管法案》（MiCA）是欧盟于2023年正式通过的统一监管框架，标志着稳定币等加密资产在欧盟迎来了清晰的合规道路。MiCA将稳定币分为两类，一类是以单一法定货币计价的电子货币代币（e-money tokens），类似于法定货币稳定币；另一类则是参考一篮子资产的资产参照代币（asset-referenced tokens）。MiCA对这两类稳定币的发行、储备、运营做出了严格规定，包括发行方需要在欧盟获得授权牌照，持有充足的高质量准备金资产，定期披露储备状况，并满足持有人随时1∶1赎回的权利等。同时，MiCA赋予欧盟和成员国监管机构对重要规模稳定币的额外管辖权和干预权，以防范其可能带来的系统性风险。

MiCA的实施是分阶段展开的。根据规定，MiCA与稳定币相关的条款已于2024年6月30日起率先生效，任何希望在欧盟境内提供稳定币发行和服务的企业都必须满足MiCA的要求。同年12月底，MiCA对加密服务提供商的其余规定也全面生效。在这一过渡期中，一些已有的稳定币发行方也在积极响应监管的号召。比如Circle公司在2024年7月宣布USDC稳定币成为首个符合欧盟MiCA框架的全球稳定币项目。这表明USDC发行方已经按照MiCA框架的标准在欧盟进行注册、申报，愿意接受欧盟的监管，为当地用户提供合规的稳定币服务。

欧盟虽然没有采用“先沙盒、后立法”的模式，但也并非完全没有试验环节。在MiCA制定前，欧盟委员会支持过一些区块链和金融科技的跨国监管沙盒试点，让成员国监管者与企业共同研究新技术应用，为MiCA的制定提供了参考。MiCA生效后，欧盟还在推动数字欧元等官方项目，并继续通过欧盟金融监管机构（欧洲银行管理局、欧洲证券和市场管理局）出台技术标准，指导稳定币项目的具体实施。MiCA框架的落地为稳定币在欧盟的长期发展奠定了制度基础，并在严格要求储备审计和保护投资者之外，给予了稳定币合法的身份和市场准入权。

可以预见的是，未来稳定币行业将呈现出“强者更透明、创新更合规”的格局。具有完备储备审计的稳定币将在竞争中胜出，获得更多用户和交易场景的青睐；而积极拥抱监管、参与沙盒试点的项目也将更快地获得合法地位，从而在银行及支付网络中立足。反之，那些拒绝审计、规避监管的稳定币终将被市场边缘化，排除在合法市场之外。

储备审计和监管沙盒分别从内在质量和外部环境两方面为稳定币创造了合规的生存环境，前者筑牢价值锚定的信任根基，后者扫清通往主流金融体系的道路阻碍。在稳定币从野蛮生长走向规范发展的过程中，这两种机制相辅相成，提升了整个行业的透明度与可信度。随着各国监管框架的逐步完善，我们有理由相信，一个更安全、更可靠的稳定币生态正在形成。届时，稳定币将更广泛地服务于全球支付和金融创新，同时也会在监管的护航下行稳致远。

第四节　法币托管模式的优势与瓶颈

聊完了监管，我们再对法币托管模式做一个总结，看看它的优势是什么，瓶颈又在哪里。

· 法币托管模式的优势

关于法币托管模式的好处在之前的内容中其实已经说了很多。总的来说，作为一款加密货币，它最大的优势就在于与传统金融体系衔接得非常紧密。

1.法律清晰、监管友好

因为有真实的法币储备和托管机构，这种模式在法律属性上更为明确，也更易于纳入现有的监管框架。各国的监管机构可以参照电子货币和预付价值等现行法规来管理这类稳定币，使其能够合法合规地运营。明确的监管规范使法币托管型稳定币的法律地位更加清晰，能够更好地适配监管要求，减少不确定性。

2.资金安全性高（隔离托管）

在法币托管模式下，储备资金一般都存放在托管银行的独立账户中，与发行方自有资金相隔离。发行方不得挪用储备资金，最大限度地保障了用户资金的安全。如果发行方出现财务问题，那么按照监管要求，储备资金应独立于其资产负债表，优先用于兑付稳定币持有人的赎回请求。大型的稳定币发行商还会定期接受审计和鉴证，使储备资金的规模和构成更加透明化。托管机构的介入和账户隔离措施为稳定币提供了接近银行存款级别的资金安全保障。

3.用户信任度高

由于有传统金融机构参与托管并背书，法币托管型稳定币也是最容易获得用户信任的加密货币。大众更倾向于相信由银行保管现金支撑的数字货币，而非完全依赖算法或者未经审计的资产池。会计师事务所等第三方的介入，使稳定币的运作更加透明规范。再加上传统银行体系的参与背书，稳定币看起来更像是法币的延伸，降低了用户对其信用风险的担忧。因为信任基础较好，所以法币托管型稳定币获得了广泛采用，成为连接加密市场与法币世界的主流桥梁。

· 法币托管模式的瓶颈

俗话说“有得必有失”，法币托管模式在现实中也不可避免地面临着一些瓶颈和挑战。

1.资金调度效率受限

由于底层储备金存在于银行等传统体系中，稳定币在极端情况下的资金调度速度会受到限制。银行清算有业务时间上的限制，无法像区块链转账那样7×24小时实时进行。当出现大规模赎回潮时，发行方需要迅速提取银行储备金、变现为现金以满足兑付，这在短时间内并非易事。2023年硅谷银行（SVB）突然倒闭时，Circle公司就有33亿美元的USDC储备金存于该银行。由于周末银行休业，市场一度担心这部分储备金无法及时取出，从而引发了恐慌抛售潮，USDC价格一度脱锚跌至0.88美元。可见，在银行体系受限或出现危机时，稳定币的1∶1兑付将面临操作层面的时间滞后。这种链下资金调度效率的瓶颈，是法币托管模式难以避免的。

2.跨境托管与结算复杂

稳定币的用户遍布全球，但法币储备往往集中在发行方所在国的银行体系内。在跨境使用的场景下，如何在不同司法管辖区安排托管成了一大难题。一方面，发行方需要在多个国家的金融机构开立托管账户，以便当地用户能够快速地赎回，这在很大程度上增加了运营的复杂度和合规成本；另一方面，不同司法管辖区的金融法规各不相同，跨境转移储备、托管涉及外汇管制、银行间网络等问题，降低了资金流转效率。举例来说，新推出的FDUSD稳定币虽然由我国香港的托管信托公司管理储备，但其资产分散存放在中国香港、瑞士、澳大利亚等地的银行中。这种多地托管的模式虽然有助于分散风险，但也意味着需要应对跨境监管、审计标准差异以及各地清算机制差异等复杂问题。因此，相较于纯粹链上的稳定币，法币托管模式在全球化扩张时面临着更高的运营和协调难度。

3.对银行体系依赖强

法币托管型稳定币的运行高度依赖于银行等金融机构，无论是储备保管、资金清算还是赎回发放，都需要银行的配合。一旦主要的合作银行出现政策变化，稳定币就会受到牵连。近年来就发生过很多这方面的例子，一些稳定币发行方依赖的银行（如Silvergate、Signature Bank等美国地区性银行）因过度涉足加密业务而相继倒闭，导致稳定币业务一度受到很大的冲击；某些国家的银行在监管压力下可能会突然拒绝为稳定币提供服务，影响稳定币的正常运作。法币托管模式将加密货币的稳定性建立在传统银行的稳定性之上，金融体系的任何风吹草动都会传导至稳定币领域，这种“银行单点依赖”也就成为其固有的风险。

4.合规对接难度大

虽然法币托管型稳定币易于被现有监管框架接受，但发行方仍需投入大量资源来满足各地的合规要求。不同司法管辖区对稳定币业务的准入门槛、许可要求、反洗钱（KYC/AML）规定等并不统一，要想在全球发行运营的话，就不可避免地需要逐一进行对接。比如我国香港要求在本地发行稳定币须取得牌照、公开储备信息等，而美国则倾向于通过联邦或州信托机构持牌的方式监管稳定币业务。一家跨国稳定币发行商需要同时应对多重监管审查和报告义务，合规工作的复杂性不仅会增加成本，也容易形成掣肘——在监管明确之前，稳定币业务场景无法展开；而监管到位后，创新业务又需要不断地适应新规。在法币托管模式下，“一币通行天下”不是一件易事，发行方还需要在法律和合规层面跨越重重障碍。

5.地缘政治和制裁风险

法币托管型稳定币的底层资产和托管银行往往集中在特定的国家，因此不可避免地会受到该国政策和地缘政治的影响。如果发行国、托管国卷入金融制裁、政治冲突等局面，稳定币储备金就有被冻结的风险。法币托管模式天然会受到主权政策的影响，一旦所依赖的金融网络被割裂，稳定币将失去赖以生存的法币支撑，稳定性也就无从谈起。

法币托管模式为大众提供了一座从现实货币通向加密货币的桥梁。然而，其局限性也在提醒我们，稳定币的发展离不开传统金融基础设施和监管环境的支持。在不同应用场景下，中心化的法币托管模式和去中心化的链上自托管模式各有适用之处，难分高下。可以预见的是，未来稳定币领域可能会出现融合两种模式优势的创新，既保持对法币的足额锚定，又能提升资金调度效率和去中心化的水平。随着监管框架的逐步完善和技术的进步，法币托管型稳定币有望在保障稳定性的同时突破当前瓶颈，在全球支付和金融体系中发挥更大的作用。

第五章

用数字资产做保障的稳定币

除了使用法定货币作为抵押品外，目前市场上也有一些用加密资产本身来做抵押品的稳定币，以期让稳定币重新回归到去中心化的轨道上来。

第一节 用以太坊做抵押的稳定币：DAI

MakerDAO是以太坊（ETH）区块链上最早的去中心化金融（DeFi）项目之一，它的核心产物就是去中心化稳定币DAI。MakerDAO通过智能合约所实现的超额抵押借贷，可以让用户抵押加密资产来生成与美元价值间接锚定的稳定币DAI。

与由法币储备支持的中心化稳定币不同，DAI完全在链上运行，不依赖银行账户和中心化托管。自2017年底推出以来，DAI逐步发展成为去中心化金融领域应用最广泛的去中心化稳定币。截至2025年6月，DAI总发行量已超过53亿枚，在所有稳定币市值中排名第三，稳居去中心化稳定币之首。MakerDAO也因此被称为以太坊上“最疯狂”的Dapp（去中心化应用）之一。它开创了一种无须信任中介、由社区治理的稳定币系统，对去中心化金融具有颠覆性的意义。

· DAI的生成与超额抵押

DAI的发行是通过超额抵押借贷来实现的。用户通过官方界面创建一个保险箱（Vault），又称抵押债仓（CDP），将加密资产作为抵押品存入其中，然后按照一定的抵押率生成数量相对较少的DAI。整个过程可以分为以下几个步骤：

1.存入抵押品

用户选择协议支持的某种加密资产（如ETH、WBTC等，目前支持超过20种）并将其作为抵押品锁定在Vault中，系统会设定该资产的最低抵押率（如130%甚至更高），以确保每一枚DAI都有足额资产背书。

2.铸造DAI

用户根据抵押品的价值来决定铸造多少DAI，所能铸造的DAI上限取决于抵押品的价值和抵押率。举例来说，如果抵押率要求为130%，那么用户就需要抵押价值130美元的以太坊才能借出价值100美元的DAI。对于风险较高的资产，系统会要求更高的抵押率。而在实际操作中，用户通常会提供价值高于最低要求的抵押品以降低清算风险。

3.支付稳定费

借出的DAI相当于从系统处获得了一笔超额抵押贷款，用户在赎回抵押品时需要支付一定的利息，即稳定费。稳定费按借出的DAI金额计算，不同抵押资产的费率由其风险水平和社区治理水平决定。在早期设计中，稳定费是以MKR代币支付的（支付时按市价购买并销毁MKR），从而平衡DAI的供需，使MKR具有价值支撑。

4.销毁与赎回

当用户希望取回抵押的资产时，需要归还最初借出的DAI本金加上累计的稳定费。归还的DAI会被协议自动销毁，以保证系统内流通的DAI数量与剩余抵押资产价值保持平衡。完成还款后，用户锁定的抵押资产即可解锁赎回。

· DAI价格稳定机制

虽然DAI是与美元1∶1的软锚定，但在自由市场的交易中，其价格会随供求变化而产生轻微波动。MakerDAO系统会通过市场供需调节和参数调整来维持DAI对美元的稳定。

1.超额抵押保障

每个DAI都会有超额的抵押资产作为支撑，即使抵押品价格下跌15%～20%，也依然足以覆盖DAI的价值，这种安全边际降低了DAI脱锚的风险。而当极端行情导致抵押不足时，清算拍卖会及时移除多余的DAI，以确保系统的资产负债表能维持健康。

2.动态利率调节

MakerDAO通过调整借贷利率和存款利率来影响DAI的供需。当市场上DAI价格低于1美元（供过于求）时，社区会提高DAI储蓄率（DSR），持有DAI的用户将获得更高的利息回报，从而激励市场参与者购入并持有DAI，以减少市场中DAI的流通供给。这个时候借款人也有动力提前偿还债务以回收抵押品、销毁DAI。相反，当DAI价格高于1美元（供不应求）时，MakerDAO会降低储蓄利率甚至调降借贷的稳定费，鼓励用户抵押资产借出更多DAI并将其投放到市场中，从而增加供给、压低价格。这种机制类似于中央银行通过调节利率来稳定币值，只不过是由去中心化的社区治理来执行。

3.自动化清算与回收

在Vault存续期间，如果抵押品价值下跌导致抵押比率跌破协议要求的最低值（即借出的DAI价值高于抵押品价值的允许范围），就会触发清算机制。清算发生时，用户的Vault将会被自动接管，系统会将其中的抵押品拿出进行拍卖变现，用所得优先偿还该Vault所欠的DAI和稳定费，并收取一定比例的清算罚金。清算机制能够确保即使市场产生了剧烈的波动，每一枚DAI也能有足额的资产做支撑，防止出现未偿还的坏账。

而如果是在黑天鹅行情下（如瞬间暴跌导致拍卖资金不足），协议还有债务拍卖机制，即由系统增发MKR代币拍卖兑换DAI来弥补缺口，以确保所有流通的DAI都有足额资产支持。这一措施会将损失的部分分担给MKR持有者，从而维护DAI持有者的利益和币值稳定。

通过多层次的调节手段，DAI的价格自发行以来大部分时间都能维持在1美元附近上下波动，展现出了较高的稳定性。

· MakerDAO的治理与MKR的角色

MakerDAO所采用的是去中心化自治组织（DAO）的治理模式。持有治理代币MKR的用户可以参与重大参数的决策，对Maker协议的运行方向进行投票表决。

MKR持有者治理涉及的事项包括但不限于新增抵押品类型及其风险参数设定、调整各抵押品的抵押率（清算线）和清算罚金、修改稳定费费率、调整DAI储蓄率以及在紧急情况下触发系统的全局关闭等。这种治理机制能够使系统参数根据市场状况进行动态调整，比如上调/下调利率来维持DAI稳定，以及引入新的抵押资产以分散风险。

除了治理功能外，MKR还扮演着风险缓冲和价值捕获的角色。当Maker协议正常运作且产生收入（主要来源为稳定费和清算罚金）时，这些收入会注入系统的缓冲池以用于回购和销毁MKR，从而减少MKR的流通量并提升其价值。反之，当出现极端状况导致系统性亏空（如清算后仍有坏账）时，Maker协议会通过债务拍卖增发MKR换取DAI来填补缺口。因此，MKR持有者实际上担当了最后贷款人和保险人的角色，当系统稳健时能够分享到费用收益（MKR通缩），而当系统亏损时则需要一起承担损失（MKR通胀）。这一机制也激励着MKR持有者尽可能地审慎治理，以确保系统能够稳健运转，保护DAI的稳定和信用。

· DAI存在的意义

一方面，作为第一个成功运作起来的去中心化稳定币，DAI通过去中心化的方式实现了币值的稳定，为去中心化交易所、去中心化借贷等应用提供了稳定的价值锚，使用户能够在区块链世界中以美元计价进行交易、借贷、支付，大大拓展了加密货币的实用性。如今，DAI已被广泛用于去中心化金融中的交易结算、支付和资产管理等场景，其去中心化的以太坊抵押模式与社区治理机制使其有别于USDT、USDC等中心化稳定币。

另一方面，DAI的发展经历了从单一抵押品向多元化抵押品的演变过程。最初的DAI只接受ETH作为抵押，即单抵押DAI（SCD），而自2019年引入多抵押DAI（MCD）后，陆续加入了BAT、WBTC、USDC、stETH等多种资产作为抵押品。

多元抵押是为了提高DAI的抗波动能力和规模上限，但这样的做法也带来了新的挑战。就拿引入中心化资产USDC作为抵押品来说，虽然增强了DAI在极端行情下的稳定性，但也使整个系统开始部分依赖于传统的金融机构。Maker协议中曾一度有近40%的抵押价值来自USDC，如果这个时候USDC出现了信用问题，那DAI也同样会受到牵连。

自2022年“Tornado Cash事件”后，MakerDAO社区意识到过度依

赖USDC等中心化资产还是存在潜在风险的，于是开始通过固定汇率模块（PSM）等手段降低USDC占比，转而引入合规的现实世界资产（RWA）作为新的抵押品来源。这些RWA（如国债、商业票据）的加入虽然为Maker协议带来了稳定的收益，改善了Maker的营收结构，但在客观上确实偏离了完全链上去中心化的初衷，引入了底层资产违约的风险。

目前，MakerDAO社区提出了“Endgame”终局计划等一系列改革设想，进一步提高协议的抗风险能力和去中心化水平。截至2025年6月，MakerDAO（现正逐步重构为被称为“Sky Protocol”的新架构）依然在DeFi领域内保持着领先的地位，供应量维持在数十亿美元的规模。

第二节　可以自动调节的稳定币：crvUSD

crvUSD是去中心化交易所Curve Finance于2023年推出的一种新型稳定币，虽然采用了类似DAI的超额加密抵押模式，但又在核心机制上有所创新。

· 什么是crvUSD

用户可以通过向系统抵押加密资产（如ETH）来铸造一定数量的crvUSD，并将其视为一笔以美元计价的贷款。和DAI类似，每一枚crvUSD都有超额的抵押品作为支撑，也就是说每借出100美元的crvUSD，需要锁定价值超过100美元的加密资产作为担保，从而保证crvUSD的价值稳定。

虽然crvUSD和DAI同为超额抵押型稳定币，但二者在清算机制上存在着很大的不同。以DAI为代表的抵押稳定币采用的是固定清算线和拍卖清算机制，当抵押品价值相对贷款跌破某个清算阈值时，系统会将用户的抵押资产标记为可清算，并通过拍卖或折价抛售的方式清算抵押品。假如用户在MakerDAO中抵押了价值3500美元的ETH并借出了2000枚的DAI，当ETH价格下跌到一定程度触发清算线时，系统会以低于市场价的折扣价出售用户的ETH，公开拍卖给竞标者。这种“一刀切”的清算方式有时会导致用户在一瞬间失去几乎全部的抵押品，即便抵押品价格在后续出现了反弹，清算造成的损失也无法挽回，协议本身也可能因为剧烈的波动而出现坏账风险。

相比之下，crvUSD在清算设计上引入了渐进式抵押曲线的理念。它不设置单一点的清算价，而是通过LLAMMA机制，在一个价格区间内逐步对抵押品进行部分清算和回购。用一个不甚贴切的类比来说，传统清算就如同在悬崖边上行走，一旦抵押品价格跌破边缘（清算线），用户就会瞬间坠落下去；而crvUSD的清算更像是走下一个斜坡，随着价格的下滑，系统会缓慢地进行调整，避免了突然坠落式的清算。

这种算法显然是对借款人更加友好的，当抵押品价格下跌时，系统会逐步卖出一部分抵押品兑换成crvUSD用于偿还贷款；而当抵押品价格回升时，这些卖出的抵押品又可以渐渐地被买回来，归还给用户。这种设计确保了即使市场出现波动，用户也不至于在瞬间失去全部抵押资产，减少了因剧烈波动带来的风险和损失。

在稳定币值方面，crvUSD为了确保能够保持与美元1：1锚定，引入了被称为PegKeeper或者“锚定稳定储备”的自动调节模块。当市场上的crvUSD价格高于/低于1美元时，PegKeeper合约就会自动铸造/回收一定数量的crvUSD，以推动crvUSD价格回归锚定水平。这一机制类似于FRAX等稳定币的算法市场操作（algorithmic market operations，AMO），即通过套利者在市场上的交易将crvUSD价格维持在1美元附近，同时将这些调节操作中的利润归于Curve的DAO金库。

· LLAMMA：新型抵押曲线机制

新型抵押曲线机制将抵押品清算过程由传统的点状触发改造为沿价格轴平滑展开的曲线式过渡。LLAMMA的全称是Lending-Liquidating AMM Algorithm，意为“借贷—清算自动做市算法”。顾名思义，它借鉴了自动做市商（AMM）的设计思想，将用户的抵押品和借出的稳定币视作一个流动池中的两种资产，通过市场价格变动自动重新平衡这两种资产的占比。

LLAMMA运行时，会为每一笔抵押贷款创建一个特殊的内部AMM池（如"ETH-crvUSD"池），用户存入的抵押品ETH和借出的稳定币crvUSD则构成了一对交易资产。不同于普通AMM在任意价格连续地提供流动性，LLAMMA采用类似Uniswap V3的集中流动性概念，将抵押品的流动性分布在一系列离散的价格区间（又称价格带或"band"）上。这些价格带覆盖了一个预设的清算范围，在这个范围内，抵押品将逐步被转换为稳定币，实现所谓的"软清算"（soft-liquidation）；而在这个范围之外（高于上限或低于下限），抵押品则完全保持为单一资产，不发生转换。

换言之，LLAMMA为每个抵押仓位设定了一条清算曲线。当市场价格跌入预设区间时，清算曲线便开始发挥作用，抵押品被一点点卖出换成稳定币；当价格回升穿越该区间时，则发生反向操作，用之前换出的稳定币逐步买回抵押品，实现"去清算"（de-liquidation）。只有当价格持续下跌，接近区间下限且贷款几乎无力支撑时，系统才会将剩余的抵押品全部转换为稳定币来覆盖债务，相当于完成最终清算。

在传统交易所中，用户可能会提前设定一系列的卖出委托，价格每跌破一定档位就卖出一部分，比如从550美元一路跌到500美元时分批卖出，而不是等到跌破500美元才一次性卖光。而如果价格出现反弹的话，还可以逐步地买回。这也正是LLAMMA所做的事情，只不过它是通过智能合约和AMM自动完成这些操作。

事实上，LLAMMA的设计灵感与Uniswap V3的区间流动性非常类似。在Uniswap V3中，流动性提供者可以选择在特定价格范围内提供单边流动性，从而在该范围内逐步完成两种资产的转换。不同的是，Uniswap V3的区间做市多用于实现限价单的效果（价格上涨时卖出、下跌时买入），而Curve的LLAMMA则专门用于抵押贷款清算，在价格下跌时卖出抵押品，在价格回升时买回抵押品。这种"新型抵押曲线"的设计将传统借贷协议中生硬的清算过程变得更加连续而柔和。

当然，LLAMMA并非是完全没有风险的。在极端行情下（如价格发生断崖式暴跌），抵押品仍可能被全部转换为稳定币，借款人依然会损失几乎所有的抵押资产，这相当于是触发了硬清算终局。而由于LLAMMA持续在价格区间内买卖资产，如果市场价格剧烈来回波动的话，借款人可能会经历类似于“无常损失”（impermanent loss）的效应——反复的资产转换会锁定一部分损失。只不过相比于传统的清算方式，这种损失程度要温和得多。

据Curve团队的模拟测试，当抵押品价格比清算阈值低10%并持续3天时，LLAMMA仅会导致约1%的抵押品价值损失。因此，在大多数正常波动范围内，LLAMMA都能够有效保护用户权益，只是在极端快速下跌或市场流动性枯竭的情形下，其保护作用可能受到限制，需要用户及时追加抵押或偿还部分贷款来避免最终清算。

· Curve推出crvUSD的动机

要想理解crvUSD的诞生，就必须先了解Curve Finance自身的生态背景。Curve是DeFi领域最大的去中心化交易所之一，成立于2020年1月，专注于稳定币与同类资产之间的兑换。凭借着独特的恒定函数做市商算法，Curve在稳定币交换市场中提供了极低的滑点和高深度的流动性，成为许多DeFi协议依赖的基础设施。Curve发行的治理代币CRV以及随后的“Curve战争”（各项目争夺CRV投票权以获取流动性激励）在DeFi史上留下了浓墨重彩的一笔。

然而，随着2022年加密市场转入熊市，CRV代币的价格大幅下跌，依赖CRV激励来吸引流动性的模式变得难以为继。由于流动性提供者对CRV激励的兴趣降低，Curve面临着资金流失和增长乏力的挑战，这就促使其团队寻求新的破局之道。

在此背景下，Curve团队将目光投向了发行自有稳定币这条道路。2022年底，在行业动荡之际，Curve发布了crvUSD白皮书，提出以LLAMMA为核心的全新稳定币设计。根据团队内部的说法，推出crvUSD有以下几个战略方面的考量。

1.填补生态空白，提供差异化产品

当时主流的去中心化稳定币主要是DAI，Curve作为稳定币交易市场的龙头，却缺少自有的稳定币产品。crvUSD的推出可看作是对稳定币生态版图的延伸，用来填补Curve在稳定币发行上的空白。与USDT、USDC这类中心化稳定币相比，crvUSD是去中心化的；而与DAI相比，crvUSD在清算机制上又有所突破，提供了一种新的选择。Curve希望凭借LLAMMA的技术优势，打造一种更安全、更高效的抵押型稳定币，提高其在稳定币领域的话语权。

2.增强用户黏性，提高资金利用率

有了crvUSD，Curve用户便可以在持有加密资产的同时，从平台借出稳定币用于其他投资和交易，从而提高资金利用率和参与度。这就为Curve引入了杠杆交易和套利等新的用例，用户抵押资产铸造crvUSD，再将其投入到Curve的其他池子或DeFi项目中获取收益，实现“一鱼多吃”的效果。举例来说，用户可以抵押ETH借出crvUSD，然后去参与Curve上的收益农场，获得额外收益。同时，由于LLAMMA的保护机制，用户在使用杠杆时的清算风险相对可控。这种模式有望吸引更多资金留在Curve生态内循环，提高整体的资本效率。

3.扩大用户基数，增强抗冲击能力

crvUSD引入的部分清算设计能够为用户提供更好的风险管理工具。在传统的借贷协议中，剧烈行情下用户可能一夜之间爆仓；而有了LLAMMA，Curve就能够为用户的抵押贷款设置一个缓冲区，避免出现被完全清算的惨剧。这无疑提升了Curve平台对稳健投资者的吸引力，让那些风险偏好较低的用户也敢于参与抵押借贷。更安全的机制将扩大Curve的用户基数，增强其生态的抗冲击能力。

4.开拓新的收益来源

发行稳定币还能为Curve协议本身及其治理参与者（如veCRV持有者）创造全新的收入流。第一，crvUSD借贷会收取一定的利息和费用，这将直接成为协议收入；第二，LLAMMA持续运作产生的交易费将注入Curve收益池；第三，如前所述，PegKeeper调控稳定币供给的套利利润也归属于Curve。这些收入将提升CRV代币持有者的回报，增强持币者参与治理和锁仓的意愿，为Curve生态建立更加良性的循环。可以说，crvUSD被寄予了激活Curve“飞轮效应”的厚望，Curve希望通过稳定币业务重启增长动力，巩固Curve在DeFi领域的地位。

在Aave等竞争对手相继宣布发行原生稳定币（如GHO）的背景下，Curve的这一举措还是很有必要的。凭借着创新的LLAMMA机制，crvUSD为Curve生态增加了新的价值层，使其从单纯的交易平台升级为同时具备发行稳定币功能的综合性DeFi协议。

自2023年问世以来，crvUSD已经逐步在DeFi市场上站稳脚跟，展现出与其创新性相符的成长态势。截至2025年，crvUSD流通供应量迅速攀升，在推出2年之际创下了历史新高。虽然其体量相较于USDT、DAI不算大，但

对于一个新晋的去中心化稳定币而言已是相当可观，表明了市场对crvUSD的需求在稳步增长。

· crvUSD的局限

作为一种新兴的稳定币设计方案，crvUSD虽然展现出了多方面的优势，但也存在着需要关注的局限和风险。

1.机制复杂度提高了理解和使用门槛

LLAMMA机制虽然巧妙，但对普通用户来说还是比较复杂的。借款人需要理解清算区间、价格带等概念，并明白在不同价位下自己的仓位将如何变化，这比传统借贷“一价清算”的方式更难把握，也会令部分用户望而却步。随着时间的推移，如果大多数用户仍然难以弄清LLAMMA的运作细节，那么crvUSD的普及就会受到限制。

2.极端行情下的风险依然存在

虽然LLAMMA能缓冲一般的波动，但在极端情况下，crvUSD的借款人仍会遭受重大损失。如果抵押资产价格在极短的时间内暴跌，甚至超出清算范围，系统就会来不及逐步清算全部资产，最终用户的仓位还是会被彻底清算（即抵押品全部被换成稳定币以偿债）。这种情况下用户的损失接近100%，与传统机制相比并无二致。不过，这种极端情况发生的概率还是很低的，而且LLAMMA在价格下跌初期就能部分降低头寸杠杆，多少能减轻最终清算的冲击。

3.依赖预言机与套利者的假设

LLAMMA能否顺畅运行有赖于准确及时的价格预言机，以及套利者能否积极参与平衡池的内价差。Curve虽然采用了多源预言机并配以移动平均来防止价格操纵，但如果预言机数据失灵的话，依然会导致错误的清算操作出现。同样地，LLAMMA通过在内部池提供优惠价格来吸引套利者进行清算和平复偏差，如果在某些时刻套利者因交易成本高等而未能及时参与进来的话，那么清算过程就会变得非常缓慢，从而累积风险。虽然目前来看这些机制运转状况良好，但它也确实是crvUSD潜在的薄弱环节，需要持续观测和优化。

4.竞争与规模劣势

在稳定币这条赛道上，crvUSD面对着太多强大的竞争者。中心化稳定币（USDT、USDC）有着庞大的市场份额和多年信誉背书；而在去中心化稳定币中，DAI仍然占据着领先的地位，Aave的GHO等新秀也在虎视眈眈。相较之下，crvUSD当前规模仍偏小，市场认可度有待进一步提升。Curve生态固然为crvUSD提供了天然的发展土壤，但想要成功“出圈”，还需要更多平台的支持和集成。

目前，crvUSD的发展仍处于早期阶段，我们需要持续观察其在各种市场条件下的表现。无论如何，Curve推出crvUSD的尝试拓宽了稳定币设计的思路，也为行业提供了宝贵的范例。如果crvUSD能够成功应对挑战、不断完善的话，那它就有望在未来的去中心化稳定币版图中占据一席之地，成为DeFi世界中可靠且高效的价值锚定资产。

第三节　不同的清算机制到底要怎么算

为了更直观地理解清算机制，我们以按揭贷款作为类比，来尝试讲清楚稳定币清算的运作流程和风控手段。

假设小明用价值200万元的房产作抵押，从银行贷款了100万元，那么此时的抵押率就是200%。而银行的要求是抵押率不得低于150%，否则将启动止赎拍卖房产。这对应到稳定币中，就是用户抵押一定价值的加密资产并借出稳定币。

现在如果房价下跌到只值150万元的话，那么小明的抵押率正好会跌至150%的警戒线。银行会通知小明追加抵押，或者进行部分还款，这就是风险控制的第一道手段——让借款人自救。如果小明无法补救，而房价继续跌至100万元的话，抵押率就会跌至100%，那么银行为了防止贷款变成坏账，就会启动清算（止赎）。银行会将房子进行拍卖，假如拍得了100万元，刚好能还清贷款，那么小明便会失去房产来抵销债务；如果拍得的数额超过了100万元，那剩余的钱在扣除罚金和费用后还会返还给小明；如果拍卖后只得到80万元，不够还贷款的话，那么银行就有了20万元的坏账，这部分就需要银行自己承担，或者向保险机构索赔。而在Maker等稳定币系统中发生类似情况时，则是由MKR持有人增发代币来弥补这20万元的差额。

在这个过程中，我们能看到清算流程的几个要点：预警—补救—触发—拍卖—清算—理赔。稳定币的清算机制也是如此，先通过抵押率监控和预言机价格发出预警，提醒或者强制用户调整头寸；当用户无力补救时就会触发清算，平台会将抵押品按市场价进行拍卖，变现换回稳定币进行偿债，并在过程中收取罚金和费用；最后不足的部分则由系统的风险缓冲（如保险基金、治理代币）兜底赔付，以保证稳定币持有人的权益不受损。整个链条环环相扣，既保护了贷款人（稳定币持有者）的稳定兑付权利，又通过罚金和清算机制约束了贷款人的行为。

现在，让我们把视角切换到极端市场情景下，考察稳定币系统是如何通过风险控制手段渡过难关的。假设有一天，加密市场遭遇了“黑天鹅”事件，主流币价在24小时内发生了腰斩，链上交易一片恐慌。在这种情况下：

1.对于超额抵押型稳定币（如DAI）

大量用户的抵押率会迅速跌破清算线，系统将批量触发清算拍卖。如果链上交易正常且有足够多的清算人参与竞拍的话，抵押品将被陆续卖出，平台则可以换回DAI进行销毁。如果清算期间出现拍卖折价加大、清算罚金收入不足的情况，Maker就会触发熔断机制暂缓新清算的启动，以避免价格进一步崩盘。如果仍有债务未能覆盖的话（坏账），系统就会启用MKR增发拍卖筹资来填平缺口。这种情况在2020年3月就发生过，当时由于网络拥堵，一些拍卖无人出价，系统最终通过MKR增发募集了约500万美元的DAI来偿还坏账。事后，Maker提高了预言机更新频率和Keeper参与门槛，扩大了稳定费收入储备，以提升极端情况下的应变能力。

2.对于LLAMMA机制稳定币（如crvUSD）

在暴跌过程中，LLAMMA会自动持续地卖出抵押品换取稳定币，在整个下跌区间里渐进地完成清算。这样就避免了在某一点上大量抛售资产可能引发的流动性枯竭。即便市场跌幅巨大，理论上最后抵押品也全都变为crvUSD，系统虽然增加了很多稳定币供应，但不会出现无人接手的坏账局面。同时，crvUSD的PegKeeper还会根据稳定币的供需进行调整，即使供应量猛增，币价也能锚定在1美元左右。整个过程中，用户的仓位在不知不觉中被系统平掉了（抵押换成稳定币）。等行情稳定后，用户如果还有剩余的稳定币，就可以选择买回一部分的抵押品；如果行情发生了V型反转，LLAMMA也会买回一些抵押品。但由于此前在卖出手续费上的损耗，用户总资产还是会减少。

这就是LLAMMA在极端行情下的代价——牺牲一部分资产来换取系统的稳健。而LLAMMA的好处是不会发生剧烈的清算拍卖波动，系统能保持较高的流动性和稳定性。当然，如果跌幅超出预想，比如抵押品价值接近零，那么LLAMMA也无能为力。不过这种情况就相当于整个系统都失败了（如算法型稳定币UST归零那种情况）。

我们可以看到，不同机制的稳定币在清算和风控上各有侧重，超额抵押型稳定币依赖充分的抵押缓冲和严格的清算规则，在极端情况下以牺牲治理代币价值为代价来保全稳定币；而LLAMMA等新机制则通过主动进行市场操作分散风险，以一定的成本来换取系统稳定。无论哪一种，目标都是一样的，即确保稳定币能够稳定兑付。

第四节　完全透明真的好吗

区块链技术的一大特点就是透明可追溯，网络上的每笔交易、每个账户的余额都记录在公共账本上，任何人都可以查询。

对于稳定币而言，链上透明性意味着资产抵押情况、发行数量、交易流动情况等信息全部被记录在区块链上，对所有人都是公开的。每个人都能查看稳定币“保险箱”里的储备金是否足额、每一笔资金进出是否正常，无须完全依赖发行方的承诺。就是这样的透明度将去中心化稳定币与中心化稳定币区分开来。

· 链上透明性的优势

链上透明性为稳定币生态带来了不少好处。

1.实时风险管理

由于所有数据都是公开的，社区和用户能够随时检查稳定币的抵押率和储备金变化，从而及时发现风险的苗头。例如，在MakerDAO系统中，如果某些抵押仓接近清算线，链上的数据就会反映为抵押率下降，用户本人或清算机器人就可以及时行动，增加抵押品或触发清算，以防止出现更大的损失。又比如，当某稳定币出现异常的巨额增发或赎回时，链上透明的记录就会引起观察者的警觉，从而快速定位问题根源。链上透明性大大缩小了风险暴露窗口，为稳定币体系构筑了一道早期预警机制，有助于整体金融稳定。

2.提升用户信任度

链上透明性带来的第二个好处就是能够提升用户的信任度。对于稳定币的用户来说，最关心的问题莫过于“我的稳定币到底有没有足够的资产做支撑”。而在链上公开数据就等于给出了随时可以查验的回答，用户不用盲目地信任某家公司，而是可以自行验证（Don’t trust, verify）。在这种模式下，去中心化稳定币更像是用透明玻璃墙搭建起来的银行金库，储备金有多少一目了然，自然能增加用户的安全感。同时，公开的智能合约代码会经过社区的审视和专业审计，相当于产品经过了全民的公开检测。就像食品包装上的安全标签一样，代码审计认证也会让用户对稳定币协议的安全性更有信心，从而提高稳定币项目的公信力。

3.实时审计与监管

对于独立观察者、分析师与监管者而言，他们无须等待报表发布，就能通过区块链直接对稳定币进行审计。任何异常情况（如资金挪用、抵押骤减）都难以掩盖，因为链上的每笔大额转账都会留下痕迹。实际案例表明，当稳定币发行方对储备金进行调整时，社区立即就能在链上追踪到这些动作。这种透明机制有助于强化对发行方的约束，当他们明白自己的行为时刻都暴露在大众眼中时，对管理资金的操作就会更加谨慎。链上数据的透明也方便第三方开发各种仪表盘和分析工具，对稳定币运行状况进行可视化展示和监督。

· 链上透明性面临的难题

尽管链上透明性带来了诸多好处，但也产生了一系列挑战，我们需要辩证地看待。

1.解读困难

不是所有用户都有能力从浩如烟海的链上数据中获取有用的信息。区块链上的交易记录原始且分散，一份大型稳定币协议可能涉及成千上万个地址、合约互动，原始数据量极大。对于普通人来说，直接阅读这些数据就像直接翻看一本银行总账，里面尽是流水号和数字，很难理解其中的含义。

透明度意味着所有细节都会被曝光，但过多的细节反而会让人无所适从。因此，用户只有借助第三方区块链浏览器、专业分析网站的解读，才能明白系统的现状。这就出现了一个悖论：虽然数据在链上公开了，但信息鸿沟仍然是存在的。少数精通技术的专家将掌握解读权，而大多数用户只能听信这些专家的解释。如果缺乏良好的信息可视化和科普，那么链上透明的数据就不会真正转化为能让用户理解的知识。对于稳定币这类金融产品，用户能否读懂链上的信息将会直接影响到他们的信心和决策。因此，如何把繁杂的链上数据提炼成直观易懂的指标，让透明的信息切实服务用户，是一个亟待解决的难题。

2.隐私与透明的冲突

透明度加强了公开监督，但也不可避免地侵犯了一部分隐私。

尽管区块链地址是匿名的（没有直接写出姓名），但交易却是公开的，通过一些链上的分析手段，大额资金的流动、频繁互动的地址关系都可能会被扒出来。如果某个机构或个人主要使用某种稳定币，那么他们的大致资金规模和活动规律也能被窥探一二。

在传统金融里，个人的银行账户细节是高度保密的。而在区块链世界里，钱包地址虽然没有挂名，但所有流水都会向公众开放查询。在这种情况下，用户的财务隐私难以得到充分保护。假如一个企业用稳定币给员工发工资，那么外部观察者就可以通过链上的流转状况，猜测出公司的资金状况甚至是员工的薪酬水平，这显然是许多人不愿意看到的局面。

过度的透明还可能会暴露交易策略。交易者如果在链上用稳定币进行大额操作的话，竞争对手就有可能提早察觉并抢先行动，削弱前者的优势。于是，如何在透明和隐私之间找到平衡便成了稳定币项目新的挑战。

有一些稳定币项目也在探索利用零知识证明等技术手段来解决这一问题，以求在不暴露具体细节的前提下证明储备金充足和交易有效。但这类方案往往涉及更为复杂的密码学，所以也只是处于理论阶段。

3.攻击面扩大，安全风险增加

透明是一把双刃剑，它让善意参与者能看清系统状况，同样也给了恶意行为者更多的线索。在完全公开的环境下，潜在攻击者可以通过研究稳定币智能合约的每一行代码来寻找漏洞，也可以监视系统参数，一旦发现薄弱环节就乘虚而入。有些投机者会密切关注去中心化稳定币的抵押率，如果察觉到某种极端市场情况下系统有崩溃的风险，就可能大举做空相关资产，放大恐慌情绪来谋利。

而过度透明甚至会被有心之人用来操纵市场。正如某知名交易所创始人所指出的，在去中心化交易环境中，每个人都能实时看到他人的头寸和清算价位，这反而使得操纵市场的行为变得更加容易。有人可以针对公开的清算价集体推高或压低行情，迫使对手爆仓。

同理，对于稳定币系统来说，假设攻击者知道某大型用户的抵押仓快要不安全了，那么他完全可以通过影响市场价格来触发对方的清算，然后从中坐收渔利。透明度还会带来最大可提取价值（MEV）方面的威胁。自动化做市和套利机器人可以通过监控稳定币交易的公开信息抢跑交易、夹击用户，从而导致普通用户承担额外的损失。而在代码公开的情形下，智能合约漏洞的出现更是需要我们严肃对待。虽然开放源码接受了审计和白帽黑客的检验，但攻击者同样也虎视眈眈，一旦发现漏洞就会利用链上可见的资金进行攻击（过去在DeFi领域就发生过多起闪电贷攻击，无不是利用合约的公开逻辑在链上做文章）。

4.复杂性与认知门槛

链上透明度所展示出的系统运作复杂性有时也会直接劝退用户。

以USDe为例，它的抵押和对冲机制相当复杂，哪怕所有数据都是公开的，普通人要读懂其中的原理并评估风险也很困难。当稳定币的稳定机制涉及高深的金融工程和算法时，透明度可能让用户更加迷茫。相比之下，由于机制简单明了，一些简单直观的稳定币（比如完全由美元现金储备支持的稳定币）反而更容易获得大众的信任。

即便复杂的机制本身是透明的，如果相应的教育和科普没有跟上，那么普通用户仍会对其一无所知，视之如黑箱。因此，稳定币在追求机制创新的同时，还需要考虑如何向公众清晰地解释其链上数据和运行逻辑。如果沟通不到位的话，那么稳定币的系统运作依然会蒙着一层认知迷雾，难以赢得广泛的认可。

第六章

算法及混合型稳定币

算法型稳定币是一种理想化的空中楼阁，它以智能合约和自动调节机制为基础，力图在没有传统资产支撑的情况下维持自身的稳定。

然而，在拥有先进机制的同时，算法型稳定币也蕴含着极为可怕的风险。为了中和它的风险，我们就需要在算法的“基础之下”再给它加上一层地基。

第一节　UST崩盘的故事

在介绍算法型稳定币之前，我们先从一场史无前例的大崩盘说起。

· 陨落前的辉煌

2022年之前，Terra旗下的稳定币TerraUSD（UST）被视为算法型稳定币领域最成功的案例之一。

UST与Terra生态系统的原生代币Luna通过算法绑定，用户可以随时用价值1美元的Luna兑换出1枚UST，反之亦然。这种“跷跷板”机制意味着当UST高于1美元时，用户就有动力销毁Luna来铸造UST套利；而当UST低于1美元时，用户则会将UST兑换成Luna套利，从而通过供需调节使UST价格回归1美元。

凭借这一机制，Terra号称无须任何实物抵押资产，就能让UST稳定在锚定价。虽然看上去很美好，但是细究起来，这套体系有一个隐患：它建立在信任和市场的需求之上，本身并没有真正的价值支撑。当时就有分析指出，这种模式运行的前提是Luna本身必须始终有价值且不能归零，否则铸造再多的Luna也无法稳定UST的价格。换句话说，UST的价值完全依赖于投资者对该体系的信心。

为了增加UST和Luna的市场需求，Terra团队采取了非常激进的措施进行造势，其中就包括推出名为Anchor的协议，为UST存款提供高达20%的年化收益率，以此来吸引用户储蓄UST。如此诱人的固定利率就像是“天上掉馅饼”一样，大批投资者因此被吸引来购买UST存入Anchor，以获取利息。

这一举措直接推高了对铸造UST所需的Luna的需求，Luna的价格随之飙涨，从2021年初的不足1美元一路上涨至2022年4月的近120美元，市值一度突破430亿美元。UST在当时也成了仅次于USDT和USDC的全球第三大稳定币。

在此期间，Terra还在不断购入比特币等资产充实储备金［Luna基金会（LFG）曾购入约15亿美元的比特币等资产作为准备金］，试图增强UST锚定的可信度。从表面上看，UST和Luna确实构筑了一个高速增长的神话。

· 埋下的隐患

在繁荣的表象下，Terra模式其实早已埋下了危机的种子。

由于UST缺乏足值法定资产的背书，其价值的稳定性完全依赖于市场的信心与套利机制。这种方式其实非常脆弱，极易受到挤兑的影响。尤其是Anchor协议承诺的20%的高收益，这是难以长期维系的承诺，借贷利率和投资收益根本无法覆盖如此高的利息，Terra也因此不得不反复动用储备金去贴补利差。

有人形象地将Terra的运作比喻为“空手套白狼”，甚至带有一些庞氏骗局的色彩：从一开始凭空创造出UST和Luna，等到从市场获得真金白银之后再去购入部分资产作为储备金。这样做看似让系统有了支撑，但是一旦新资金的流入减缓，或者市场信心发生了动摇，这种游戏就难以为继。

到2022年初，Anchor储备金的消耗速度已经让Terra难以承受了。据估算，如果不降低利率的话，到同年6月资金池就会耗尽。更为严重的是，UST的供应高度集中在Anchor中，例如，在Anchor的巅峰时期，约180亿美元的UST流通量中，有高达160亿美元的UST储存在Anchor中获取利息。这说明绝大多数的UST并未在市场流通，一旦Anchor的收益下调，将出现大规模的恐慌，大量资金同时撤离，从而引发挤兑风暴。正如业内人士警告的那样，Anchor埋下的雷迟早会爆。如果有大量UST被抛售换回Luna，那UST势必脱锚（跌破1美元），同时市场上Luna供给激增也会导致其价格暴跌。当Luna市值跌到接近UST规模时，投资者的信心就会彻底崩溃，纷纷抛售UST，由此进入恶性循环的死亡螺旋。

简单来描述的话，就是UST抛压会导致Luna暴跌，而Luna暴跌反过来又会进一步削弱投资者对UST的信心，形成螺旋式崩溃。一旦进入这种死亡螺旋，算法型稳定币就回天乏术了。

· 死亡螺旋开始

不出意外，在内外因素的叠加下，2022年5月，这颗雷终于被引爆了。彼时的加密市场正处于整体下行的阶段，宏观环境的趋紧也为UST的崩盘创造了“天时”。据传闻，当时一些大型机构早已在Anchor中埋伏了巨额UST，以伺机狙击Terra。5月初，Terraform Labs官方为了部署新的Curve流动性池，从现有池子中抽走了部分UST。这一操作在无意中导致了大崩溃的发生。

5月8日，Terra官方从Curve流动性池中撤出约1.5亿枚UST准备迁移至新池，导致市场流动性暂时下降。几乎同时，有大户趁机在市场上大举抛售UST，突如其来的巨量卖单打破了供需平衡，使UST的价格开始脱离美元锚定，跌破1美元。不少持币者连忙将UST兑换成Luna避险，直接造成Luna供应量剧增，价格暴跌。

5月9日，面对UST的下跌，Terra宣布动用7.5亿美元的比特币储备贷款来维稳UST。然而抛压并未停止，UST的脱锚情况反而进一步恶化，一度跌破0.98美元。这种情况进一步引发了恐慌，越来越多的用户争相抛售UST以换回Luna，使Luna的价格单日再度崩跌逾50%。随着Luna暴跌和UST跌破锚定，死亡螺旋正式启动。

5月10日，恐慌情绪加剧。当日有近60亿美元的UST从Anchor中撤出，UST完全失去锚定，跌至约0.6美元；Luna则在抛售潮中暴跌90%以上，市场陷入极度混乱之中。但与此同时，仍有部分不死心的投机者在抄底暴跌后的Luna，希望赌市场的反弹。

5月11日，Terraform Labs的创始人Do Kwon发声，称已无力救市，只能寄希望于套利机制恢复UST的价格。此消息等于宣布放弃了直接干预，市场信心进一步走向崩溃。Luna再度暴跌逾90%，价格跌破1美元关口；UST同步暴跌至约0.3美元。此时的Luna市值迅速缩水，已经大幅低于UST的未偿规模，系统进入彻底失控状态。

5月12日，Luna继续暴跌99%，几乎等同于零；UST跌至0.2美元。Luna/UST的价值基本上化为乌有，算法型稳定币体系在实际上宣告了失败。

5月13日，多数交易所下架Luna并暂停交易，Terra底层区块链被迫停止出块，以遏制灾难的进一步蔓延。这一周内，Luna和UST合计蒸发的市值高达300亿～400亿美元。成千上万的投资者血本无归，整个加密市场遭受重挫。

短短几天之内，这场稳定币的实验从神坛跌落至谷底，可谓是史无前例的惨烈事件。“血色一周”过后，Terraform Labs团队尝试了各种方案挽救局面，比如提议加速燃烧UST、增发Luna、寻求融资等，但都为时已晚。在极端恐慌中，任何技术性补救都已经无济于事。5月14日，Do Kwon承认UST稳定币项目已经失败。Terra生态尝试通过硬分叉重启一个不含UST的新链（即后来的Terra 2.0）来挽回部分价值，但市场反响冷淡。旧链更名为Terra Classic，而原有的UST由于信用破产已经一文不值。

· 事后分析

UST的失败并非偶然。正如分析人士所指出的，问题的根源在机制诞生之初就已经埋下，缺乏足额抵押支撑的算法型稳定币在快速扩张的同时，其脆弱性也在与日俱增。

Terra在鼎盛时期激进地追求增长，却忽视了极端情境下的风险管理。当大量的UST集中于Anchor中获取高利息时，实际上就已经构成了类似于银行的期限错配和挤兑风险，只要利率前景、信心稍有闪失，海量的赎回请求就会瞬间击穿系统的防线。在此次崩盘中，一系列的外部环境利空（如加密市场下跌，美联储加息导致流动性收紧）再叠加内部的缺陷，使UST在连续冲击下彻底崩盘。虽然有人怀疑有大型对冲基金精心策划了针对UST的狙击，但无论外因如何，Terra自身设计的脆弱性才是使其崩溃不可逆转的主因。

这场UST崩盘事件对加密货币领域造成了非常恶劣的影响。Terra的倒塌给市场上所有的算法型稳定币都敲响了丧钟，人们亲眼看见了死亡螺旋的威力，对此类稳定币的信任跌至冰点。在没有革命性的改进之前，算法型稳定币模式将在相当长时间内处于边缘地位。

此事件也引发了监管层的高度关注。美国财政部原部长珍妮特·耶伦就曾在UST崩盘后表示，Terra的崩溃再次体现了稳定币潜在的系统性风险，呼吁尽快为稳定币立法以加强监管。其他国家和地区的监管机构亦纷纷提出针对稳定币的严格监管措施，以防止类似灾难重演。而在行业内部，不少投资机构开始反思风险管理，一些曾狂热支持Terra的投资人也公开承认了错误，提醒业内要保持理性和谨慎。

作为稳定币发展史上最惨痛的失败之一，Terra/UST事件生动地展示了算法型稳定币在缺乏足额支撑时的脆弱本质。当信任成为稳定币的唯一支柱时，一旦信任发生崩塌，所谓的稳定币就会在顷刻间失去所有价值。这个代价高昂的教训深刻地影响了人们对稳定币，尤其是对算法型稳定币的认识。

第二节　半算法半抵押模式：FRAX

纯算法型稳定币没有外部资产支撑，完全依靠算法和二级代币机制维持锚定，我们已经知道了其中暗含的风险。在UST崩盘之后，全世界都对算法型稳定币失去了信心。

然而，作为一种新型的稳定币，它所提出的理念还是有一定的参考价值的。那么有没有一种办法，能在结合算法型稳定币思路的同时，给它加上资产的背书呢？这就不得不提到FRAX了。

· 诞生背景与算法机制

FRAX稳定币诞生于2020年底，最初被称为“部分抵押—算法型稳定币”（fractional-algorithmic stablecoin）。它的作用机理是每一枚FRAX只有一部分由抵押资产（如USDC等美元稳定币）支持，剩余部分则依靠算法和Frax协议的治理代币FXS来稳定价值。

Frax协议设定了一个动态的抵押率（collateral ratio, CR），初始时CR为100%（即完全由真实美元资产支撑）。随着FRAX需求端的增长，协议会缓慢下调抵押率（每次下调0.25%等渐进步幅）来发行更多的FRAX。此时，用户铸造FRAX只需提供部分USDC即可，剩余的部分由销毁一定量的FXS来抵销。反之，如果市场需求下降的话，Frax协议就会提高抵押率，确保有更高比例的资产支撑来巩固信心。这一机制就是Frax协议确保“1枚FRAX始终可以兑换价值1美元资产”（包括USDC和按比例计算的FXS）的方式。

当FRAX市场价高于1美元时，套利者可以用价值1美元的抵押物（USDC和FXS组合）铸造FRAX卖出获利，从而增加供给，压低价格；而当FRAX跌破1美元时，套利者则可以买入廉价的FRAX并按1美元的价格赎回抵押物，从市场上消减FRAX供给并推高价格。通过市场的力量，FRAX的价格会被拉回锚定价。

2021年3月推出的Frax V2协议进一步引入了“AMO”模块。我们可以将AMO理解为Frax协议的智能“央行工具箱”。如果说Frax V1阶段主要是靠动态调整抵押率来维持锚定的话，那么V2阶段的AMO则允许协议在不影响FRAX锚定价格的前提下，自动执行各种市场操作。

AMO模块让Frax协议的资金不再处于闲置状态，一方面产生收益，增强协议储备，另一方面提升FRAX在市场上的流动性和影响力。有人将其类比为美联储的公开市场操作，Frax协议的AMO机制其实就相当于一个自动化的央行，可以根据市场状况灵活调节FRAX的供给和部署资金。作为最基础的算法策略部分，AMO的操作原则是“不损害锚定，不降低实际抵押率”，所有策略都必须以不让FRAX脱锚为前提。例如，在Curve AMO中，新增的FRAX会与等值的USDC一起存入池中，而不是在市场上自由流通，因此并不会削弱每枚FRAX的资产支撑比例。

这种折中的设计方式有部分真实资产作为支撑，降低了纯算法模式下信心崩溃时稳定币价值瞬间归零的风险。而它又比完全抵押模式更加灵活高效，不需要每一枚稳定币都有1美元的实储，所以可以在一定范围内扩大供应以满足市场需求。正因这种独特性，FRAX一度成为除DAI外最大的去中心化美元稳定币之一，在设计上开创了“fractional-algorithmic”稳定币的先河。当然，这也意味着Frax协议的模型更复杂，既与抵押资产有关，又与算法代币FXS有关。如果FXS币值崩盘，或者抵押资产出现了问题，那么FRAX的稳定也会受到影响。

· CR、套利与AMO

想要理解Frax协议是如何在运行中保持稳定的，我们就需要进一步看看其核心的经济学逻辑，主要是抵押率调节机制，套利机制与FXS代币角色，AMO策略这三个方面。

1.抵押率调节机制

为了保持锚定，Frax协议的做法是通过市场信号自动调节抵押率。简单来说，当FRAX在二级市场上高于1美元（需求旺盛）时，就意味着可以适当降低抵押率来增加供应，于是协议会每小时小幅下调CR（如0.25%），允许用户用更少的USDC铸造出1枚FRAX。这样一来，就可以有更多的FRAX被铸造出来，从而缓解市场的短缺，使价格趋向回落到1美元。相反，如果FRAX的价格低于1美元（需求疲软），协议则会每小时提高一点抵押率，那么用户就需要用更多的USDC才能铸造出1枚FRAX。更高的抵押率相当于收紧供应，产出就变难了，这也有助于恢复市场对每枚FRAX价值的信心。

这套机制使得抵押率成为一个动态变量，具体的数值由市场状况来决定。在Frax协议的早期运行中，CR大部分时间都能保持在80%～100%，即绝大部分的FRAX都会有资产支撑，小部分则依靠算法进行调整。当市场平稳时，降低CR可以提升效率；当市场出现风吹草动时，提高CR可以确保安全垫充足。这种动态平衡的策略，正是Frax协议区别于其他机制的一大创新。

2.套利机制与FXS代币角色

Frax协议刻意设计了一套套利机制来激励市场参与者自行纠偏价格，

就像前文提到“高于1美元就有人铸币卖出，低于1美元就有人买入赎回”的过程。在这里面，Frax协议的治理代币FXS扮演了一个非常关键的角色。

每当有用户按照当前抵押率铸造/赎回FRAX时，FXS和USDC就共同构成了1美元等值的组合。用户铸造FRAX时，需要按照CR提供相应比例的USDC进行抵押，同时销毁一定数量按市值计价的FXS；而当用户赎回FRAX时，则需要返还其USDC，同时新发行相应价值的FXS作为补偿。

这一点可能有些不太好理解，我们举个简单的例子。假设当前CR为85%，那么铸造1枚FRAX需要0.85美元的USDC作为抵押，同时销毁0.15美元的FXS。如果此时FRAX的市场价高于1美元，比如市场价为1.02美元，那么套利者可以用0.85美元的USDC加上0.15美元的FXS换取1枚FRAX，然后再以1.02美元的价格卖出，净赚2美分。这一过程就会增加FRAX的供给并压低其价格。

反之，当FRAX跌至比如0.98美元时，套利者可以以低价买入1枚FRAX（花费0.98美元），然后赎回获得价值1美元的资产（0.85美元的USDC和0.15美元的FXS，新铸出的FXS可以卖掉），赚取2美分。这样的操作会减少市场上的FRAX供给。如此循环下来，FRAX的价格就会被市场的力量拉回锚定点。

而FXS在其中的作用就是充当FRAX的价格缓冲池。当FRAX扩张时，部分FXS会被销毁从而减少流通，理论上提升了FXS的价格；当FRAX收缩时，Frax会发行一些FXS，相当于让FXS持有人承担了稳定FRAX的“最后一棒”的风险，因此FXS的价值和FRAX的成功息息相关。FXS持有人获取了FRAX的手续费收益和铸造收益等好处，但也会在FRAX出现极端行情时承担损失。

但是话说回来，FXS虽然为FRAX的稳定提供了弹性缓冲，但引入了更为复杂的机制，产生了潜在的脆弱性。如果市场对FXS的信心不足，价格暴跌的话，那么FRAX算法部分的支撑力就会减弱，极端情况下就会影响FRAX的锚定。这也是FRAX设计中需要精心权衡的经济逻辑——用FXS的波动来换取FRAX的稳定。

3.AMO策略

前面提到的AMO模块赋予了Frax协议主动干预市场的能力，其作用类似于传统金融里的中央银行。Frax协议通过AMO来管理FRAX的供需和用途，因此，AMO也被人们称为“乐高式的链上央行”。AMO策略的设计初衷是只要不触及FRAX的锚定，就可以灵活地运用资金。

目前，Frax已经部署了多种AMO策略。

（1）Investor AMO：将抵押池中闲置的USDC投放到低风险的DeFi协议中赚取利息。例如，存入Aave获取借贷利息，或者存入Yearn等收益聚合器获取收益。据统计，在市场繁荣时期，这些投资AMO每天可为Frax协议赚取数十万美元的收益。这些收益反过来充实了Frax的资产库，提高了FRAX的实际支撑率，也为FXS持有人创造了价值。

（2）Curve AMO：这是Frax协议影响力最大，也最具创新性的操作之一。Frax协议会额外铸造一定数量的FRAX，搭配等额的USDC，一起投入到Curve平台的稳定币池（如FRAX/USDC池）中提供流动性。这样做有两个好处：一是增加FRAX的市场深度，使用户交易FRAX时滑点更小，锚定更稳固；二是Frax协议作为流动性提供者可以赚取交易手续费和流动性激励收益。这部分新铸造的FRAX与USDC被成对锁定在池中，并不真正流通到市场上，因此并未降低整体抵押率或冲击币价。可以把它理解为官方“做市商”，在稳定币市场上托底FRAX价格。

同时，Frax协议还通过持有大量Curve治理代币CRV和其衍生品CVX，影响Curve上稳定币池的奖励分配，从而进一步巩固FRAX池的地位。FRAX一度成为Curve上继三池（3pool）之后的第二大稳定币流动性池，FRAX的流动性因此深植于DeFi生态之中。

（3）Lending AMO：Frax协议可以直接向去中心化借贷平台提供FRAX流动性。例如，将FRAX借给Compound或Frax自己推出的Fraxlend等平台，让有抵押品的用户借走FRAX，Frax协议从中收取利息。只要借款人提供的抵押品充足（过度抵押），这些借出的FRAX就会被借款需求锁定，不会造成抛压。这种策略既扩大了FRAX的流通场景，又能为Frax协议赚取利息收益。

通过以上多模块的协同，Frax协议的稳定机制变得更加立体。也正是因为有了AMO，FRAX才能在2021—2022年的剧烈市场波动中展现出极强的韧性。当竞争对手UST在2022年5月遭遇挤兑崩溃时，尽管FRAX也同时在承受抛压，但由于有部分USDC托底，加上AMO迅速回收市场上过多的FRAX供给，最终稳住了1美元的锚定，没有发生挤兑式的崩盘。

AMO的存在使Frax协议变得非常复杂，但总体而言，AMO为Frax协议赢得了在稳定币大战中的独特优势，俨然成为一个运行在链上的微型中央银行。

· 市场表现

FRAX于2020年12月正式上线。起初，FRAX的供应量很小，但随着DeFi热潮和稳定币需求的增长，FRAX流通市值一度大幅攀升。2021—2022年，FRAX的供应量迅速扩张，成为流通市值排名前列的去中心化美元稳定币。特别是在2022年初，Frax通过积极的流动性挖矿合作（如参与Curve“稳定币战争”争夺激励）和推出新产品，FRAX的市场占有率节节升高。据统计，FRAX已扩展到多个区块链发行网络。在稳定币大战中，FRAX凭借着独特的模式站稳了脚跟，被加密社区誉为“DeFi原生”的美元稳定币之一。

其供应量的攀升在一定程度上证明了市场对“部分抵押—算法”模式的认可。

FRAX在实际运行中的表现总体上是令人满意的。从历史价格数据看，FRAX自发行以来绝大部分时间都能紧贴1美元波动，偏离幅度很小，不亚于那些有全额储备支持的老牌稳定币。在几个重要的压力测试中，FRAX都经受住了冲击。

比如，2022年5月UST的崩盘引发了整个稳定币市场的震荡，很多去中心化稳定币都出现了抛售压力。Frax协议的治理代币FXS的价格当时大幅下跌，但FRAX的美元锚定基本保持完好，没有像UST那样脱锚崩溃。Frax团队通过AMO及时回收流动性、提高抵押率，确保了FRAX可以1∶1赎回，因此FRAX持有者并未遭受损失。再比如2023年3月，USDC短暂脱锚事件（因硅谷银行风波，USDC跌至0.9美元左右），FRAX作为主要由USDC支撑的稳定币，一度也随之跌破1美元。但随着USDC储备问题的澄清，FRAX随即恢复了锚定。在这次事件后，Frax团队更加意识到抵押资产多元化的重要性。

第三节　“稳不稳”到底谁说了算

稳定币之所以“稳定”，其实很大程度上源于用户对其价值稳定的心理锚定价格预期，即人们心中将1枚稳定币等同于1美元。这种集体信念和市场机制交织在一起，共同支撑着稳定币的锚定。

然而，维护这一锚定是对技术层面的考验，也是对人性和市场心理的考验。

· 心理锚定价格：1美元的信念是如何形成的

“心理锚定价格”指的是用户在心理上将某种资产固定在特定价值的倾向。在稳定币的语境下，绝大多数用户天然地把“1稳定币=1美元”作为默认的认知。这种认知并不是凭空产生的。

许多稳定币都宣称与美元1：1锚定（如USDT、USDC声称每枚币都有1美元储备支持）。这种官方的承诺为心理锚定提供了一种基础的认知。在日常交易中，主流稳定币的价格长期在1美元附近小幅波动。这种稳定的历史进一步强化了用户的锚定预期。久而久之，“1稳定币=1美元”便成了集体的共识，成了一种近乎自我实现式的预言：大家都相信它值1美元，所以愿意以接近1美元的价格来买卖，从而使其价格稳定在1美元附近。

这种心理锚定的作用在稳定币的系统运作中是非常重要的，当稳定币的价格轻微偏离1美元时，套利者和用户会基于“很快就能回归1美元”的信念进行交易，从而将其价格迅速拉回锚定。比如某稳定币跌至0.98美元，这时许多交易者就会视之为“便宜”而买入，预期之后能以1美元卖出获利；而当其价格升至1.02美元时，大家又会因为其高于锚定价而抛售，从而使其价格很快回落至1美元。这种基于心理价位的交易行为实际上就是稳定币机制设计者所希望实现的市场纠偏功能的体现。只要大众对稳定币有信心，那么“1美元”这个心理锚就如同一条隐形的皮筋一样，来回将价格拉回中心。

维系锚定的信任绝非一件易事。稳定币发行方需要让持有者和潜在买家相信，无论是现在还是未来，该币都能兑付1美元的价值。这就需要建立起用户对发行方偿付能力和资产储备广泛的信任。而信任建立起来难，失去却很容易。市场心理会随着消息和环境的变化而波动，正如无数影片中都出现过的银行挤兑的一幕，金融稳定其实在很大程度上取决于公众的信心，对于稳定币来说也是如此。哪怕技术机制设计得再精巧，一旦用户听到风吹草动，对稳定币的储备及安全性产生了怀疑，就有可能引发抛售风潮。届时，心理锚定的1美元信念就会被打破，稳定币也会跌破锚定价，进而进入死亡螺旋，走向崩溃。

· 当套利机制失灵：脱锚事件的教训

除了2022年的UST事件外，我们再来看几个历史上比较有名的脱锚事件。

1.MIM脱锚

MIM（magic internet money）由Abracadabra协议发行，也是锚定美元的去中心化稳定币。其模型类似于DAI，即用户抵押各类加密资产借出MIM，其中也包括一些收益类的代币。

2022年初，MIM发行方及关联项目接连曝出负面新闻，引发了市场对MIM储备和管理方面的质疑。到了1月底，MIM一度小幅跌破1美元，引起了小规模的用户恐慌。不过更大的冲击来自5月UST崩盘的连锁反应。UST的倒下不仅让算法型稳定币信誉扫地，同样也波及了使用UST相关资产作为抵押的项目。Abracadabra协议曾允许用户抵押Anchor协议中的UST收益凭证（aUST）来借出MIM，等于是通过UST进行高杠杆的再抵押套利（俗称“Degenbox策略”）。当UST爆炸后，这部分抵押品的价值骤降，于是Abracadabra出现了巨额坏账。尽管MIM号称有超额抵押，但面对如此巨量的坏账冲击，系统一时难以清算全部的不良债务。

2022年6月中旬，市场传闻MIM可能已经资不抵债，持有者开始恐慌性抛售，致使MIM的价格短时间内下跌。由于部分抵押品无法立即变现，清算套利未能跟上，MIM的债务黑洞越拖越大。因此，Abracadabra团队紧急动用储备金回购市场上的MIM并销毁，试图恢复锚定。幸运的是，后续MIM的价格又缓慢地升了回来。但这次事件也让MIM元气大伤，市场信心受到了很大的打击。

通过这件事情我们也能看出，哪怕有足够的抵押品作为支撑，如果在极端行情下这些抵押品无法快速卖出的话，稳定币也会暂时出现资金缺口，从而引发恐慌情绪。而一旦用户开始质疑“这一美元锚定还能维持住吗”的时候，抛售潮就出现了，稳定币就会快速地跌价，从而进一步加剧清算的困难（因为需要卖更多抵押品才能偿还同样的稳定币债务）。这有点类似传统金融中的“流动性危机”——资产足够但一时变现不了，导致短期偿付困难，投资者恐慌性提款，又反过来让流动性更加匮乏。虽然MIM团队后来提高了抵押品要求并减少了高风险资产的占比，但信任受损后，MIM的流通规模再也没能回到巅峰时期。

2.USDC破钞事件

这是2023年3月发生的一件大事。当时USDC的发行方Circle有部分储备金存于硅谷银行，而该银行突发挤兑被接管。消息传出后，周末时USDC的市场价下跌，投资者担心Circle有部分储备金拿不回来了。这种情况下，原本应有的套利（低价买USDC，等市场价到1美元时赎回）因周末银行停业无法即时兑现，而且存在银行倒闭损失储备金的风险，很多机构都选择了观望。直到美国监管机构于周一宣布保障硅谷银行的存款安全，USDC才恢复了1美元锚定。

所以，哪怕是声誉良好、完全合规的稳定币，也难免会受到外部风险和用户恐慌情绪的冲击。在危急时刻，稳定币的价格更多反映的是集体心理预期，而非当下的真实价值。

综合这些案例，我们可以看到一个共性：当恐慌情绪出现时，稳定币价格往往会先行反映出最悲观的预期，而原本设计用来稳定价格的套利机制赶不上抛售的速度。甚至有的时候，套利机制还会在极端情况下发生改变，起到推波助澜的反效果。比如，在UST事件中，套利规则迫使Luna超发，等于系统层面的自残；而在MIM事件里，本应清算的不良债务因流动性不足无法变现，成为不定时的炸弹。这些案例都在提醒我们，金融市场是人与心理构成的复杂系统，纯粹理性的算法模型一旦遇上大规模的非理性行为，同样不堪一击。

那么，是什么导致了这些非理性的群体行为呢？我们需要借助一些行为金融学和博弈论的概念来解释这一点。

· 群体行为与偏离

经济学中有一句谚语："市场是由贪婪和恐惧驱动的。"在稳定币的世界里，这句话同样适用。在前面的分析中，我们多次提到了信心与恐慌，这实际上涉及了人类群体行为和决策心理。

理应保持锚定的稳定币在极端情况下出现背离，本质上是人性使然。

1.羊群效应

羊群效应也称从众心理，指人们会观察他人的行动并趋向于做出相同的选择。在投资市场中，一旦有人开始大量抛售某资产时，旁观者就会倾向于跟风卖出，即使他们并不清楚发生了什么。

这种效应源于一种“社会证据理论”，大家可能会觉得“他们这么做或许是因为知道些什么内幕，我不卖就落后了”。在稳定币市场里，这种羊群效应表现得淋漓尽致，一旦有风吹草动，部分持有人就开始抛售，其他持有人看到价格跌破1美元以后，往往来不及细究原因就加入了卖方的行列，担心自己跑慢了，雷会在自己手里炸掉。

这正是银行挤兑在区块链上的翻版，人人都怕做倒霉的少数，于是选择随大流以自保。羊群效应放大了市场波动，把小范围的抛压传染成大范围的恐慌。例如，在前述的UST事件中，一开始只是少量套利交易使UST略微脱锚，但在社交媒体和社区的放大下，更多人注意到UST跌到了0.98美元，“锚定松动”的信号使大家恐慌起来，纷纷跟风卖出，踩踏也由此形成。

2.信心乘数

这是一种形象的说法，指信心在金融体系中往往会被放大，作用于价格。简单理解，如果100个人里有99个人对稳定币有信心，1个人对稳定币没信心，那么那1个人就会被大多数人的行为所影响，选择相信稳定币没问题。但如果反过来有30个人开始对稳定币产生怀疑，那么剩下的70个原本有信心的人里也会有相当一部分人产生动摇，进而转为怀疑，形成更大的不信任。

信任和不信任都会自我强化、相互传染。对于稳定币而言，信心乘数体现为：当市场普遍相信锚定稳固时，哪怕有点风吹草动，大家也倾向于理性对待，不会轻易恐慌抛售，反而会逢低买入。这在实际上提升了稳定币的抗波动能力，小幅的价格偏差很快就会被纠正，锚定看起来也牢不可破。相反，当信心开始动摇时，原本坚定持有的人可能突然就变成了抛售的人。因为他们预期别人会跑，于是自己也不得不跑。信任一旦跌破某个临界点，恐慌就会加速蔓延。这种乘数效应解释了为何稳定币价格常常“慢涨快跌”：维持锚定时波澜不惊，一旦脱锚则可能瞬间崩塌。信心乘数也是自我实现预言的一种体现——相信会稳就真的会稳，相信要崩就真的会崩，而且崩的速度极快。

3.囚徒困境

这是博弈论中一个经典的思想实验，描述的是个人理性选择导致集体次优结果的情况。

稳定币危机中同样存在类似的困境。假设你和多数持有者都希望稳定币锚定在1美元，不发生崩盘，那么这就是集体最优的情况。但当出现一点风吹草动时，每个人都会想：“如果这是虚惊一场，我现在抛售了损失不大，以后还能买回来；但如果这真是崩盘前兆，我现在不跑可就血本无归了。”

于是从个人角度看，“尽早抛售退出”似乎就成了更安全的策略（就像囚徒困境中坦白从宽似乎对个人有利）。但问题在于，如果人人都这么想，结果就是大家一起触发了崩盘——这其实是持有者集体最不愿看到的结局，却因为每个人理性的自保选择而发生了。稳定币锚定失效常常就是这种个人理性和集体理性不一致的博弈论困境的结果。当恐慌苗头出现时，个体逃生是最优策略，但集合起来却酿成了最坏的后果。这也是为什么央行在现实中需要出台存款保险、限制提现等措施来打破这种囚徒困境式的挤兑循环。同理，在加密世界里，由于缺乏集中管理者，稳定币只能依赖机制和市场，但机制无法强制人们不抛售。因此，一旦进入囚徒困境的局面，除非有人出面充当最后贷款人，为市场注入信心，否则崩盘往往难以挽回。

上述的羊群效应、信心乘数、囚徒困境等，从不同角度揭示了人性中的非理性是如何影响着稳定币市场的。

（1）人们不是完全理性的机器，会受他人影响（羊群效应）。

（2）人们会自我强化对未来的预期（信心乘数）。

（3）个体的理性选择汇集起来可能毁掉集体利益（囚徒困境）。

这些行为偏差使得现实市场和理论模型经常性地产生偏离。在算法机制设计者的眼中，如果每个人都能够严格按经济理性套利，那么稳定币市场就会稳如磐石。然而，在现实中，信息不对称、情绪波动和相互猜忌会使得市场参与者无法也不愿完美行使套利职能。这就解释了为什么有时候稳定币明明有套利空间却无人行动，归根结底，这是人性和算法的博弈。算法试图引导人，但人在特定环境下并不会听从算法的引导，从而导致群体行为偏离了算法逻辑。

认识到这一点后，我们就会明白，稳定币的设计不能仅靠冰冷的公式和代码，还必须考虑到人们的心理和信任因素。这就引出了我们最后的讨论：稳定币需要信任与机制“两条腿”走路。

· 双轨并重的稳定币设计理念

通过前面的讨论，我们可以得出一个关键结论：稳定币要想真正达到稳定，既要有可靠的机制设计作为硬保障，还要有用户信任这一软条件作为支撑，二者缺一不可。

从机制层面看，无论是足额储备、超额抵押，还是算法调控，本质上都是提供锚定的技术和经济手段。然而，再优秀的机制也有其适用边界。例如，算法模型需要正常的市场条件，超额抵押需要流动性，储备兑换需要中心信用背书。当环境超出设计预期时，单纯地依靠机制就不太灵光。另外，机制通常是对已发生的偏离做出反应（如套利交易在价格偏离后才进行），是被动的。如果预期和信任先行崩塌的话，那么机制就会力不从心。

从信任层面看，它是一种预防性稳定力量。正如前文所述，用户的集体信念本身会减缓价格偏离的发生。有强大信任作为基础的稳定币，即便遇到利空也不易被击穿锚定。因为大多数人愿意坚持，愿意逢低买入。在这种情况下，机制甚至不必大动干戈，市场自行就复原了。信任可以说是稳定币的第一道防线。而信任一旦崩塌，再好的机制也很难奏效。因为机制需要有人去触发（如套利者），而没有信任就没有人敢当接盘侠。

因此，优秀的稳定币项目都会同时在“机制”和“信任”两个方面下功夫。这包括以下几个方面。

1.透明度和合规性

通过信息披露、审计报告、合规牌照等手段建立信誉。例如，法币抵押型稳定币会公布储备构成、请独立审计师定期审阅，并在监管框架下运营，以让持有人安心。正如Gemini交易所发行稳定币GUSD的白皮书所言：“打造一种可行的稳定币，信任问题和计算机科学问题同等重要。”信任的建设理应被提升到与机制设计同等重要的地位。

2.激励兼容

设计机制时需要充分考虑参与者的行为，避免让套利机制在极端情况下与用户利益产生冲突，如引入安全阀。币价偏离过大时，是否有额外措施防止进入死亡螺旋？某些算法型稳定币尝试设置价格缓冲带或赎回限额，试图减缓死亡螺旋。然而，这些措施往往效果有限，甚至会有副作用。因此，更现实的做法是准备储备基金和外部支援。如同中央银行在危机时充当最后贷款人一样，一些去中心化稳定币项目也开始设立紧急储备金（如Terra在崩盘前囤积了大量储备金，可惜规模仍不足以救场）。有了外部储备的支持，在市场信心动摇时，我们仍可以主动出手稳市，而不是只能等待市场自行修复。

3.社区治理与教育

让持有人深入了解项目机制、参与治理，从而提高认同感。这样的做法可以增强用户黏性，不至于一有风吹草动就恐慌退出。一些稳定币项目会在社区中反复科普其抵御风险的手段，或者引入“信心指标”让大家监督。例如，MakerDAO社区会关注DAI的超额抵押率，如果跌破一定水位就会引起大家的警惕并主动采取措施对其进行提升。强大的社区在稳定币遇险时往往能发挥稳定军心的作用。

归根结底，稳定币的稳定需要“两只手”同时发挥作用：一只是看得见的手——精心设计的经济与技术机制；另一只则是看不见的手——来自用户和市场的信任之手。正如2008年金融危机后，人们反思银行体系既要有资本充足率等硬约束，也需要公众对存款保险有信心。稳定币作为新兴的金融产物，同样如此。

那些长久存续并保持稳定的稳定币，无一不是在机制和信任上都经受住了考验。例如，USDC在剧烈波动时能够快速恢复锚定，除了储备机制可靠外，用户相信Circle公司和监管会保障资产安全也是非常重要的原因。而像UST这样有创新的机制却无信任缓冲的项目，繁荣时扶摇直上，一旦摔倒就再也爬不起来了。

稳定币的复杂性体现在其既有经济学和算法的理性一面，也有人性和市场心理的非理性一面。理解用户心理锚定价格的作用，让我们明白信任之于稳定币如同地基之于高楼；比较不同的套利机制，让我们看到技术方案各自的优劣与边界；检视历史脱锚事件，则警醒我们机制在极端环境下可能失灵甚至反噬；引入行为金融学和博弈论视角，使我们意识到偏离模型的往往是群体非理性行为。最终，我们才能得出“信任+机制”双轨稳定的理念。只有在坚实的机制设计的基础上赢得用户持久信任的稳定币，才能称得上是真正的稳健。

展望篇

稳定币的未来

稳定币的发展已经影响了全球的金融格局，它的未来又将走向何方？本篇将聚焦政策、技术与国际市场的新变局，展望稳定币对全球金融体系带来的机遇与挑战。

第七章

加密货币往事

我国对加密货币的监管历程，折射出一部与时代同行的金融政策演变史。

由于自身的技术特性，加密货币在带来金融创新的同时，也对各个国家的金融稳定构成了潜在威胁。

第一节　初入中国

比特币在2009年诞生后不久，便逐渐传入了中国的极客圈和投资圈。2011年，比特币开始走入国内大众视野，少数技术爱好者和投资者开始尝试“挖矿”和交易。在这个时期，国内也出现第一批比特币交易平台，比如2011年6月在上海诞生的“比特币中国”。这些平台会为用户提供比特币兑人民币的交易服务。彼时因比特币价格尚低、用户群体有限，官方对这一新生事物保持着观望的态度，尚未出台有针对性的监管措施。对于公众而言，比特币最初更像一个新奇的“网络虚拟物品”，只在小圈子里面流传。

然而，到了2013年，比特币的全球行情急速上涨，一度从年初的每枚约13美元飙升到11月底的每枚1100美元左右。中国国内的投机热情瞬间高涨，媒体也开始竞相报道这一现象，从而吸引了大批新投资者的涌入，比特币交易量开始猛增。此时，比特币快速升温的势头终于引起了监管部门的注意：比特币这种非国家发行的虚拟货币，会不会对金融体系和社会稳定带来风险呢？

第二节　定调“虚拟商品”

2013年12月5日，中国人民银行等五部委发布《关于防范比特币风险的通知》，这是中国官方首次就比特币进行表态。该通知明确指出，比特币并非由货币当局发行，不具有法偿性和强制性等货币属性，并不是真正意义的货币。监管层首次将比特币定性为一种特定的虚拟商品。同时，该通知要求各金融机构和支付机构不得开展与比特币相关的业务，包括不得为客户提供比特币登记、交易、清算、结算等服务。换言之，银行和第三方支付渠道被禁止介入比特币交易。这切断了法币与比特币之间的资金链路。

这份通知的语气还是相对谨慎和中立的。一方面，官方明确了比特币不是真正的货币，意在保障人民币的法定货币地位、防范洗钱等金融风险；另一方面，监管层当时并未禁止比特币交易平台继续运营，只是要求这些平台做好备案，而非直接进行关停。该通知也承认了虚拟货币的财产和商品属性，普通民众仍可在法律风险自担的前提下自由买卖比特币。这种审慎观望的态度表明，监管层虽然已经注意到了虚拟货币蕴含的风险，但他们选择先发出风险警示，暂将比特币视作一种互联网虚拟商品来对待。他们希望通过提示风险来保护公众财产和维护金融稳定，同时留出观察空间，并未立即全面禁止比特币在民间的流通。

这份通知发布后，国内银行和支付机构迅速配合政策，停止了比特币相关业务。此前依赖银行转账充值的交易所不得不寻找替代途径，比如采用充值码、第三方中介等方式继续运营。消息公布时，比特币价格在短期内出现了大幅波动，不少投资者也感到紧张。不过，由于通知并未禁止个人持有、交易比特币，所以比特币交易并没有完全消失，只是从集中交易转向个人之间的场外交易继续进行。

2013年的官方定调为后来几年的监管框架奠定了基调，即国家不承认虚拟货币的法币地位，但仍允许个人自担风险参与交易。这便是我国监管比特币的开端。

第三节　重拳出击，整治乱象

经过数年的野蛮生长，虚拟货币市场在2017年迎来了最为疯狂的高潮。这一年，以太坊等平台迅速扩张，首次代币发行（ICO）成为全球热点，国内各种打着区块链创新旗号的代币融资项目层出不穷。一时间，大量投资者争相涌入市场，许多人在毫无监管的乱局中投入了大量资金。然而，大量ICO项目背后并没有真正的技术和资产支撑，有不少ICO项目最终演变成为非法集资、金融诈骗甚至传销骗局。随着投机泡沫的膨胀和诈骗案件的增多，监管层终于在这一年挥出了前所未有的重拳。

2017年9月4日，中国人民银行等七部委联合发布《关于防范代币发行融资风险的公告》，全面禁止各种形式的代币发行融资活动。该公告明确将代币发行融资定性为未经批准非法公开融资的行为，并指出所谓“虚拟货币”不具备货币属性，其发行与交易均未获许可。监管部门要求立即停止所有代币发行融资活动，并禁止各类虚拟货币交易所为代币提供兑换、买卖、定价、信息中介等服务。简单来说，不论是发行新币还是交易比特币等虚拟货币，一律暂停。该公告还提醒公众，参与代币发行融资存在着多重法律风险，这些活动可能涉及非法发行证券、非法集资、金融诈骗和传销等违法犯罪行为。这是中国官方第一次明确宣布代币发行融资活动属于非法融资，力度远超2013年的风险提示。

此公告的发布标志着中国对加密货币的监管从宽松观望转向严格管制。出台这一禁令的直接导火索，是当年国内外ICO狂潮以及比特币价格暴涨所引发的金融风险。监管层看到，大量散户在缺乏监管的币圈中疯狂逐利，滋生出了各种欺诈和泡沫，如果不及时干预的话必然会危及金融稳定。此外，比特币等虚拟货币在2016—2017年间价格飙升，也引发了资本外流的隐忧。有观点认为，一些资金借助比特币逃出境外，会对我国外汇管理秩序造成冲击。这些因素促使监管部门下决心踩下“急刹车”，以防范系统性风险。可以说，2017年的这记重拳带有明显的“保护投资者、防控风险”的用意，既是为了遏制违法金融活动，也是为了堵住潜在的资金外逃通道。

该公告一发布，立刻对国内加密货币行业产生了极大的影响。公告发布后不到三周，国内交易量最大的比特币交易所“比特币中国”宣布于当年9月30日停止所有交易，随后进入清算。火币网、OKCoin等其他比特币交易所也相继关闭人民币交易业务，一些团队和项目选择直接停止国内运营工作，整体迁往海外。监管部门据此开展后续整治行动，清理各类ICO融资项目，要求退还投资人资金。很多早期进入币圈的创业者和投资人转战海外市场。2017年的重拳整治向社会传递出了清晰的信号：国家对加密货币的态度已由最初的审慎包容转为坚决打击任何脱离监管框架的投融资行为，加密货币自此被贴上了“高风险、严监管”的标签。

第四节 "区块链热"下严防炒币反弹

在叫停ICO、关闭交易所之后，我国监管部门并未放松对虚拟货币的警惕。2018年，有关部门多次重申此前的禁令。2018年8月，中国银行保险监督管理委员会等五部委再次发布公告，强调任何形式的代币发行交易都涉嫌非法集资，重申虚拟货币不等同于法定货币。在这期间，监管手段从文件指导转向技术封堵和行政检查。有关部门关停了仍在运营的代币交易网站，屏蔽了境外加密货币交易平台的访问渠道，封禁了一批宣传炒币的信息渠道（包括公众号等社交媒体），甚至有些地方政府禁止在辖区内举办任何与虚拟货币相关的宣传推介活动，以防止炒币之风死灰复燃。

2019年下半年出现了一波区块链热。起因是2019年10月，中共中央政治局就区块链技术发展现状和趋势进行第十八次集体学习，会议上强调要把区块链作为核心技术自主创新的重要突破口，坚定支持区块链技术发展。消息一出，资本市场和创业圈对区块链相关概念趋之若鹜，比特币等加密货币价格应声大涨，很多投资者误以为官方转而要支持比特币等虚拟货币了。然而，监管层很快便澄清，支持区块链技术创新并不等于放松对虚拟货币的监管。短短几周内，北京、上海、深圳等地的金融监管部门连续发布风险提示公告，严厉警告社会公众不要混淆区块链技术和虚拟货币炒作。这些公告指出，一些不法分子借区块链之名重新包装虚拟货币骗局，鼓吹所谓"××币""××链"，并在境内拉人投资；还有人冒用央行数字货币的名义行骗。对此，监管部门明确表示，将保持对虚拟货币交易的高压打击态势，对任何此类非法金融活动"露头就打"，发现一起查处一起。2019年11月，北京警方就破获了一起打着数字货币交易所旗号的诈骗案（BISS交易所案），抓捕了数十名犯罪嫌疑人。同期，上海市金融稳定协调联席办和中国人民银行上海总部联合行动，排查辖区内为境外交易平台提供宣传、引流等服务的企业，责令违规者立即整改并退出市场。各地措施表明，监管层在区块链概念火热之际更加警惕有人借机炒币，迅速出手遏制虚拟货币交易反弹的苗头。

2019年官方的态度，令很多大众进一步认清：区块链不等于比特币，炒作虚拟货币仍属于高风险甚至违法的行为。可以说，这一系列举措将2017年的监管成果巩固深化，有效遏制了币圈在中国死灰复燃，为后续更严格的管控奠定了基础。

第五节　酝酿数字货币，法律定调发行加密货币违法

进入2020年后，我国官方在继续打击私人加密货币的同时，开始加速推进国家法定数字货币（即数字人民币）的研发和试点。这一年，中国人民银行数字货币研究所的研发成果逐步落地，多个城市开展了数字人民币的内部测试。官方一方面对外展示出支持金融科技创新的姿态，另一方面也在法规层面将虚拟货币交易的禁止令写得更加清晰和明确。2020年10月，中国人民银行发布《中华人民共和国中国人民银行法（修订草案征求意见稿）》（简称“央行法”），其中明确规定：“任何单位和个人不得制作、发售代币票券和数字代币，以代替人民币在市场上流通。”这是中国首次在法律层级上明令禁止私人发行数字货币，等于从法律定义上否定了虚拟货币作为货币的可能性。这一举措被视为监管层对前几年政策的巩固和补充，将原本通过通知、公告等行政手段实施的监管要求，上升到国家法律的层面固定下来。

央行法传递出清晰的信号：发行或交易虚拟货币在中国不仅违规，更有可能违法。中国对虚拟货币的监管态度相比2013年的审慎提示、2017年的集中整治，更加坚决和制度化。这与数字人民币的研发几乎是同时推进的——官方希望通过国家主导的数字货币来满足公众对数字化支付的需求，同时避免私人加密货币滋生的风险。可以想见，在数字人民币正式推出前，监管层有意营造一个“无乱币”的清朗环境，以避免民间的各类加密货币干扰国家法定数字货币的运行和公众认知。正如某些媒体分析所言，中国计划于2021年正式发行数字人民币，为避免市场混乱，明确了禁

止发行任何私人加密货币的方针。因此，2020年的法律定调既是为数字人民币保驾护航，也是为进一步压缩加密货币的境内生存空间做准备。

由于这一年加密市场的关注点主要在海外，我国国内已很难见到公开的交易平台和ICO活动，所以央行法修订的消息并未在普通投资者中激起太大的波澜。而币圈的从业者们则敏锐地意识到，这意味着监管已不只是暂时性的行政管控，而是将长期延续甚至可能动用刑罚等更严厉的手段。很多人预感到，中国对加密货币的态度已从早年的“防风险”进一步升级为“零容忍”。事实也证明，这一预感很快变成了现实：2021年，一场更全面的打击行动到来了。

第六节　全面清退

2021年，监管风暴全面升级，从打击交易延伸到整顿“挖矿”，这些举措基本将加密货币相关活动彻底清除出中国内地。首先，2021年5月中旬，在国际比特币价格创下新高后不久，中国金融监管部门就通过行业自律组织重申：金融机构和支付机构不得涉足虚拟货币业务，再次提醒社会大众警惕加密货币投资风险。紧接着，国务院金融稳定发展委员会①在2021年5月21日召开的会议上明确提出“打击比特币挖矿和交易行为”，将加密货币风险防控提升到国家金融稳定的高度来部署。同年，内蒙古、新疆、四川等加密“矿业”集中地区先后出台措施，关停比特币“挖矿”项目，全国范围内开始大规模清理整顿“挖矿业者”。

到了2021年9月，监管层更是祭出连续的组合拳。9月3日，国家发展改革委等十一部门联合发布《关于整治虚拟货币“挖矿”活动的通知》。该通知将耗能巨大的虚拟货币“挖矿”活动列为淘汰类产业，要求全面清理关停现有的“矿场”，并禁止新增任何“挖矿”项目。由于之前几年中国是占据了全球比特币算力约七成的“挖矿大国”，所以这一政策对全球比特币“挖矿”版图产生了剧烈影响。国内大小“矿场”在短时间内几乎悉数断电停机，“矿工”们不是卖掉矿机退出，就是将设备打包搬往海外。曾经灯火通明的西部“矿场”陷入一片漆黑。中国官方以一记重拳实现了全球比特币“挖矿”版图的急剧重组。

① 2023年3月，中共中央、国务院印发了《党和国家机构改革方案》，组建中央金融委员会，不再保留国务院金融稳定发展委员会及其办事机构。

紧接着，中国人民银行等十部门于2021年9月15日发布《关于进一步防范和处置虚拟货币交易炒作风险的通知》。该通知再次郑重声明：虚拟货币不具有与法定货币等同的法律地位、虚拟货币相关业务活动属于非法金融活动。这意味着，不论是币币交易、法币兑换，还是代币发行、衍生品交易，只要涉及虚拟货币，在法律上就会被视作非法。特别值得注意的是，该通知明确指出：境外虚拟货币交易所通过互联网向中国境内居民提供服务同样属于非法金融活动，相关工作人员若继续参与，将被依法追究有关责任。可以说，在这一系列文件发布后，从法律和行政层面，虚拟货币在中国内地已被“判了死刑”。

2021年出台的一系列举措表明，我国对加密货币的态度已转向“全面围堵、清退出局”。相较于2017年的局部打击，2021年的行动覆盖了从交易到“挖矿”的整个链条，意图将加密货币彻底挤出中国金融体系。究其原因，有以下几点：第一，虚拟货币近年来并未给实体经济带来实质性收益，反而滋生了赌博、诈骗、洗钱等违法犯罪行为，成为社会不稳定因素。因此，监管部门认为虚拟货币对实体经济“无益有害”，继续容忍只会累积更多风险。第二，防范系统性金融风险依然是中国金融监管的首要目标，加密货币市场的剧烈波动可能引发投资者巨额损失，进而威胁金融稳定。中国官方将虚拟货币交易定性为非法，也是为了亮明态度——不允许任何影子金融体系挑战现行金融秩序。第三，能源双控与环境承诺也是重要的考量因素。中国于2020年做出在2030年前实现“碳达峰”、2060年前实现“碳中和”的承诺，而高耗能的比特币“挖矿”与节能减排的目标明显背道而驰。中国官方媒体指出，此轮禁令也是环保举措的一部分——比特币“挖矿”耗电巨大、碳排放严重，必须予以取缔。第四，不容忽视的是货币主权和资本管制的因素。数字人民币的研发进入冲刺阶段，监管层不希望民间加密货币分散公众对法定数字货币的关注，并避免其作为渠道造成资本外流。

从2021年下半年开始，曾经活跃的国内币圈社群大幅归于沉寂，在全球范围内，中国的退场一度引发全球加密货币市场的短期震荡。中国内地在经历此番“急刹车”后，加密货币活动几乎绝迹于公开市场。这一年标志着中国官方对加密货币采取了全面封禁的立场。

第七节　高压常态化与未来展望

经历了2021年的“大清退”风暴后，我国对加密货币的高压监管进入常态化阶段。从2022年起，相关部门通过立法完善和司法解释巩固既有监管成果，持续防范变相重启虚拟货币活动。最高人民法院在2022年修改司法解释时，将“虚拟币交易”明确列为非法集资的行为方式之一，司法机关可依法追究参与虚拟货币融资者的刑事责任。这一举措从法律层面上堵塞了规避监管的可能，也宣告了此前在法律属性上存在争议的虚拟资产公开交易、融资等行为被正式纳入违法范畴。

在行政监管方面，各级政府部门定期开展“回头看”专项整治，持续监测网络舆情和交易动向，防止虚拟货币的地下交易卷土重来。一旦发现有平台暗中服务中国用户或有新型代币在境内传播、炒作，监管机构依然会露头就打、决不手软。可以看到，在2021年之后，很少再有国内投资者公开讨论“炒币致富”的话题，大众视野中的“虚拟货币热”已降至冰点。

与此同时，中国也在积极推动合法合规的数字金融创新，加速推广数字人民币在各地的应用。中国政府虽然也支持区块链技术在实体经济中的应用，但始终强调“区块链技术创新不等于虚拟货币炒作”，要求严格区分两者，以防被不法分子借机炒币。2023—2024年，数字人民币钱包用户数稳步攀升。数字人民币在许多生活场景中为用户提供了便捷的支付途径，而虚拟货币交易在国内已难觅踪迹。居民若有投资加密资产的需求，只能通过香港等少数地区的持牌机构，且须满足严格的合格投资者条件。

展望后续的发展，短期内中国内地放松对加密货币监管的可能性很小。当前严监管的政策基调源自一系列深层考量——金融安全、资本管制、投资者保护、环境目标以及维护人民币的主权地位等。这些考量在未来相当长的时间内仍将持续。尽管香港等地近年来尝试发展合规的虚拟资产市场，但这更多被视为服务全球投资者和金融创新的试验。在没有突破性变化的前提下，“虚拟货币非法”的定位不会被轻易扭转。可以预见的是，官方会继续完善相关法律法规，加强技术手段监控，以确保加密货币在境内“进不来、出不去、藏不住”。当然，从长期看，区块链技术和数字金融的发展可能促使监管策略动态调整。但就目前而言，中国对加密货币采取的是趋近“零容忍”的态度——这一路径已清晰地展现在世人面前。这段监管演变的历史，既是一个国家维护金融秩序与安全的务实选择，也为全球探讨如何平衡创新与风险提供了经验借鉴。

第八章

风起云涌的国际稳定币局势

金融领域就是新时代的战场。在这片波谲云诡的战场上，各个国家都在施展着浑身解数以求稳定发展。而稳定币则让这片修罗场出现了新的变数。

自2019年Facebook（现名Meta）推出Libra（后更名为Diem，现项目已终止）计划以来，稳定币迅速成为国际金融又一个博弈的焦点，各国围绕其展开了新一轮的激烈角逐。

第一节　跨境支付主导权之争

自2019年以来，美元主导的稳定币在全球支付领域中崛起。传统跨境汇款体系（如国际资金清算系统SWIFT）成本高、速度慢；而锚定美元的稳定币可通过区块链实现7×24小时的即时清算，而且费用较低，绕过了烦琐的中介环节。这就使得稳定币成为某些地区替代美元现金的数字选择，在跨境贸易和汇款中日益受到青睐。

美国在这一领域拥有着毋庸置疑的先发优势。目前，在全球流通的稳定币中，超过95%是以美元计价。美元稳定币USDT和USDC的市值在近年激增，并在2023年处理了超过10万亿美元的链上交易量，规模已与维萨（Visa）信用卡年度总交易额相当。美国政府意识到美元稳定币作为“数字美元”的战略影响力，近年来在总体上默许并推动美元稳定币扩张，以巩固美元在国际支付中的主导地位。研究指出，美国意在通过推广美元稳定币的全球使用来加强美元在支付和计价体系中的主导权，同时稳定币储备金主要投资于美国国债等资产，也为美国债务提供了新的需求。这一战略被形容为“加密重商主义”，即利用私人美元稳定币扩大全球美元流通。

如此一来，美元稳定币的崛起引发了其他经济体对跨境金融主导权的担忧。欧盟方面担心，若美元稳定币在国际结算中被广泛使用的话，可能会削弱欧元的国际地位和使用范围，导致数字时代的“美元化”。欧洲央行行长拉加德等人多次强调稳定币可能带来“数字美元化”风险，侵蚀欧元区的货币主权和货币政策有效性。作为回应，欧盟在监管上对非欧元计价的稳定币进行了限制。根据《加密资产市场监管法案》（MiCA）规定，若某种外币稳定币在欧盟流通规模过大，监管机构可限制其发行，乃至禁止其向公众提供服务，以防范欧元受到冲击。相较于美国鼓励稳定币创新的立场，欧盟更强调维护本币支付体系的自主可控。

中国对稳定币跨境影响的关注更具地缘色彩。中国长期致力于推动人民币国际化，但资本管制使得人民币在跨境支付中的份额有限。随着美元稳定币逐步渗透全球，中国监管层察觉到海外贸易中兴起的“USDT结算”现象。许多中国出口商发现，用美元稳定币收付款比通过银行体系更便捷，一些境外客户也开始直接用USDT支付货款。这被视为对人民币跨境结算地位的潜在挑战。中国人民银行行长潘功胜指出，国外稳定币的快速发展对金融监管带来了巨大的挑战。为此，中国一方面在国内全面禁止加密货币交易，以防止美元稳定币等在境内流通；另一方面则加快推进数字人民币作为法定数字货币。同时，中国正在考虑在离岸市场发展人民币稳定币作为促进人民币跨境使用的工具。如果跨境人民币支付效率不及美元稳定币，那势必会带来新的战略风险。

日本虽然在全球支付格局中的体量较小，但也同样在关注稳定币的跨境应用。日本企业和个人跨境汇款需求旺盛，日元稳定币或美元稳定币有助于降低其跨境转账的成本。在政策上，日本选择通过严监管来允许合规的稳定币发行，希望既享受金融创新的红利，又确保不损及金融秩序。日本央行也参与到由国际清算银行（BIS）主导的多边中央银行数字货币技术实验中，探索提升跨境支付效率的技术方案。

围绕稳定币的跨境支付主导权，各主要经济体态度不一。美国凭借美元稳定币巩固霸权，欧盟设法防范外币稳定币冲击，中国在发展数字人民币以抗衡，日本则倾向于在规则框架内接受稳定币以改善支付效率。这场博弈折射出的是现实国际货币体系的延伸。由此可见，数字领域的货币地位之争正愈演愈烈。

第二节　监管规则与国际标准的博弈

稳定币的跨境特性使得其监管问题不仅局限在单一国家层面，更是各国在国际金融规则制定中角力的新战场。自2019年Libra计划公布后，七国集团（G7）和二十国集团（G20）先后将“全球稳定币”（指像Libra这类可以迅速跨国流通的稳定币）列为重点议题，要求在法律监管不到位前，不允许此类项目的运营。

此后，各主要经济体纷纷提出本国的监管框架，不仅着眼于国内管控，也意在影响国际标准的制定。美国作为金融强国，力图主导稳定币国际监管范式。2019—2022年，美国国会多次就稳定币举行听证会，由美国财政部牵头的总统金融市场工作组（PWG）在2021年的报告中呼吁将稳定币发行机构纳入联邦监管，并建议通过立法使稳定币发行人具备银行牌照或受一定约束。但由于党派分歧，相关立法很长时间都没有通过。在监管标准的真空下，美国证券交易委员会（SEC）和美国商品期货交易委员会（CFTC）等机构尝试套用现行证券或商品法规来管辖部分稳定币业务。此举引发了业内对监管不确定性的抱怨。

这样的局面在2023年之后出现了变化。在全球同业的压力和加密市场波动的刺激下，美国立法者加速了行动。2025年，美国参议院、众议院分别于6月、7月通过了《指导与建立美国稳定币国家创新法案》（简称《GENIUS法案》），随即由总统签署生效，建立起第一个联邦层面的稳定币法律框架。该法案对稳定币发行资质、储备要求、消费者保护等内容做出了规定，如禁止受监管稳定币向持有人支付利息或红利，以防止其变相成为影子银行存款。随着该法案的签署生效，美国在法律上承认并规范了稳定币的地位。这也被视为美国争取国际话语权的一步：美国希望通过给予稳定币合法身份并制定规则，使其标准能被他国借鉴，从而在全球稳定币治理中占据主导地位。

与美国注重私营创新、灵活制定规则不同，欧盟试图用更系统稳健的路径来主导国际标准。欧盟于2020年提出了《加密资产市场监管法案》（简称“MiCA”），历经两年讨论后于2022年10月达成一致，并在2023年正式通过。这部法规是全球首个针对加密资产（包括稳定币）的综合监管框架，对稳定币（在法规中被称为“资产参照代币”和“电子货币代币”）的发行、储备、资本、治理、监督等做了详尽规定。MiCA特别针对Libra事件暴露的问题设计了条款，旨在保护欧盟金融体系免受无序稳定币的冲击。例如，凡是在欧盟面向公众发行的稳定币，发行人必须在欧盟取得牌照并受欧盟监管；非欧盟发行的稳定币若未满足等效监管要求，不得在欧盟市场推广。又如，对于非欧元计价的稳定币，若被认定为“具有重大规模”，欧盟监管机构可以依据欧洲央行意见限制其发行规模，必要时可暂停其在欧盟的流通。欧盟此举意在防范美元稳定币在本地区过度扩张导致的数字美元化，同时树立一套高标准的监管范本。欧盟官员频频在国际场合宣传MiCA，主张各国应协调监管标准，避免监管套利。可以预见，随着MiCA于2024—2025年分阶段实施，欧盟将在稳定币监管国际规则中拥有重要发言权，其法规范本可能被其他有志于规范加密市场的国家参考或采纳。

各主要经济体围绕着国际规则的“暗战”也初见端倪。美国于2025年7月通过的《GENIUS法案》体现了一种“加密美元外交”思路——鼓励海外发行美元稳定币但保持美国在其中的监管影响力。根据该法案，美国财政部有权与外国司法管辖区签订协议，促进美国监管下的美元稳定币跨境流通。换言之，美国允许外国机构发行美元稳定币，只要美国能在其中保留一定的控制权即可。这一策略被评价为服务于美国数字货币战略利益，即通过输出美元稳定币标准来扩张美元势力范围。反观欧盟，如果境外稳定币发行人未受到MiCA等效监管，就不得在欧盟境内开展业务。欧盟更倾向于建立国际多边合作机制，共同制定规范，而非由单一国家主导。

这种分歧也反映在国际组织的讨论中。金融稳定理事会（FSB）于2020年发布《“全球稳定币”项目监督管理高层级建议》，2022年又更新了对加密资产风险的评估，包括美国在内的各国也参与其中。但美欧在细节上的诉求不同——美国更强调不要把新兴技术扼杀于摇篮中，欧盟则强调风险管控优先。中国虽然在私人稳定币监管上的态度强硬，但是并没有缺席国际规则的讨论。中国人民银行积极参与了BIS、G20框架下的数字货币监管研究，也多次呼吁全球监管合作，要求对全球稳定币采取一致严格的监管标准，以防范监管套利和跨境投机风险。可以预见，在国际货币基金组织（IMF）、FSB等制定稳定币和数字货币规则的国际场合，各主要经济体将继续博弈。谁的监管理念与标准被采纳，谁就能在未来数字金融体系中掌握更多主动权。

日本在此方面扮演着“规则追随者+创新者”的双重角色。一方面，日本作为G7成员，基本支持西方主导的稳定币监管原则，也采纳了金融行动特别工作组（FATF）关于加密资产“旅行规则”（travel rule）等要求，将稳定币纳入反洗钱监管体系。另一方面，日本又率先在国内立法实践，2022年修订《支付服务法》明确了稳定币的法律地位，规定只有获得许可的银行、信托公司和转账机构才能发行日元稳定币或外币稳定币，并需确保1∶1法币储备。日本的监管先行在亚太地区树立了范例，其做法已引来包括新加坡、中国香港等地区的借鉴。日本金融厅正在探讨进一步放宽对信托银行发行稳定币的储备资产限制，以提升国内机构的国际竞争力，同时考虑对稳定币转账全面应用“旅行规则”。这些举措显示日本希望在国际稳定币规则讨论中贡献自己的实践经验。

第三节　技术基础设施与维护货币主权

稳定币的崛起不仅是市场选择的结果，也是对各国货币技术基础设施和货币主权提出的挑战。Libra的出现被许多国家视为一个警告，如果私人公司可以发行全球流通的“货币”（稳定币），那么原本由国家垄断的货币发行权和支付清算体系将面临颠覆性的冲击。尤其是对于新兴市场国家和发展中国家而言，一种由外国主导的全球稳定币可能会迅速地流入本国，替代本币来用于交易和储值，形成“数字货币主权”的旁落。正因如此，各国央行都在加速评估和部署央行数字货币（CBDC）作为应对之策。在这场技术竞赛中，中国人民银行起步较早。在Facebook（现名Meta）公布Libra计划后，中国进一步加快了对数字货币项目的研发，并在2020年启动了数字人民币试点。截至2024年6月，数字人民币在全国累计交易额已达7万亿元。虽然当前数字人民币主要用于国内小额零售支付，且暂不开放与外币的自由兑换，但其背后的战略目标之一是维护中国的货币主权，在数字时代对抗美元主导地位。中国还通过多边央行数字货币桥（mBridge）等多边项目测试了跨境CBDC的支付，与泰国、阿联酋等合作搭建不依赖国际资金清算系统（SWIFT）的新跨境支付网络。可以预见，如果未来私人美元稳定币在国际贸易中大行其道的话，我国很有可能会以官方数字人民币的跨境推广来进行应对，从技术层面提供人民币的数字化选择。

美国在技术路线上的选择与中国有很大的不同。出于对政府直接发行数字货币的疑虑，美国至今并未发行央行数字美元。相反，美国政府（尤其是2025年的新一届政府）倾向于通过支持私营部门发行的美元稳定币来占领市场。正如学者所称，这是美国以市场机制“赢者通吃”思维维护美元霸权的体现。美国相信，在完善监管的前提下，让市场创新出高效的稳定币支付网络，比政府亲自发行数字美元更符合美国利益。这样既能维护美元主导的国际货币格局，又避免了央行直接介入零售业务带来的挑战。当然，美联储也在持续研究批发型数字美元在银行间结算的应用，但短期内的重心仍放在支持和规范私人稳定币上。可以说，美国在稳定币技术基础设施上选择了“公私合作”的模式，由私营机构开发区块链支付技术（如Circle公司与VISA等支付网络合作，将USDC接入传统支付体系），政府则负责提供法律框架和后盾（如通过立法明确稳定币为支付手段而非证券，以消除法律障碍）。如果这一模式运转良好的话，美国可能无须推出零售型CBDC也能巩固数字时代的货币主权。不过这样做的风险在于，私营稳定币网络能否像央行货币一样在极端情况下维持稳定和信任，还有待时间的检验。

欧盟在维护货币主权的技术竞赛中选择了双管齐下的做法。一方面，欧洲央行正在研发数字欧元，以确保欧元在数字支付革命中不会缺席；另一方面，欧盟通过MiCA严控私人稳定币在欧元区的影响力，以避免数字美元等削弱欧元主权。数字欧元项目自2021年起便进入了调查阶段，目前正迈向原型设计和试点。欧洲央行官员明确表示，发行数字欧元的动机之一就是对抗国外数字货币（包括稳定币和外国CBDC）可能带来的货币替代风险，维护欧元的国际地位。换言之，数字欧元项目是欧盟对标美元稳定币和他国CBDC的战略性投入。在技术实现上，欧盟倾向于由中央银行直接或间接提供基础设施，如泛欧即时支付系统TIPS的延伸，将来可能支撑数字欧元跨境交易，从而巩固欧盟对支付网络的主导权。欧盟还强调数据保护和隐私，在设计数字欧元时兼顾欧盟的价值观，以此区别于私人稳定币商业模式。可见，欧盟将技术开发、法律法规和政策引导相结合，全方位维护其货币主权。

日本同样关注着技术基础设施的升级。日本央行于2021—2022年分阶段开展数字日元的概念验证试验，并于2023年启动数字日元先导试验，与商业银行合作测试数字货币的流通性。虽然日本尚未决定正式发行央行数字货币，但已奠定了技术基础。日本希望通过CBDC确保日元在数字货币时代的可用性，同时通过产业政策支持本国企业开发值得信任的稳定币和代币化存款等新型支付工具。日本大型银行已经试验发行日元稳定币用于资本市场结算等用途，不过目前多在许可链上运作，以满足监管要求。在国际合作上，日本积极参与BIS创新中心的多种CBDC项目，以确保自身的技术不至于落后。可以预见的是，随着中国、美国、欧盟在数字货币领域博弈的加剧，日本将在维持同盟体系的同时，通过技术中立的方式（如加入多边CBDC网络）来保障本国利益。

稳定币催生了各国在数字货币技术上的军备竞赛，一方是私人部门主导的技术创新，主要集中在美国及其影响下的地区；另一方则是各国央行开发的官方数字货币。双方的竞合互动深刻影响着未来全球金融基础设施的形态。对于新兴市场国家来说，稳定币虽然提供了获取强势货币的便利（如高通胀国家的民众转向持有美元稳定币避险），但也会对其货币主权形成巨大的冲击。IMF称这种现象为“加密货币美元化”，建议各国通过发行本国CBDC或实施资本管制来防范。从这里也能看到，稳定币带来的技术与主权博弈不仅在大国之间展开，而且也让中小国家面临着抉择，是加入某一强国的数字货币体系，还是自主建设本国数字货币基础设施。这场围绕数字货币的地缘竞争，已经成为国际政治经济博弈的新维度。

第四节　稳定币大事记

· 2019年

Facebook（现名Meta）于6月发布Libra白皮书，计划发行锚定一篮子货币的全球稳定币。此举被视为对各国货币主权的挑战，引发了全球监管层的强烈反应。美国国会多次召开听证会直指其风险；欧盟官员公开表示Libra在得到充分监管前“不可能在欧洲运行”；G7成立稳定币工作组并在10月发布的工作报告中宣称，在法律和监管问题解决前，“任何全球稳定币项目都不应投产”。10月，中国官方在评价Libra时强调其对国际货币体系影响重大，各国都会严格监管。在Libra的冲击下，中国宣布加快推出央行数字货币。2019年的Libra事件将稳定币博弈推上了国际议程。

· 2020年

全球稳定币总市值从年初不到60亿美元增至年底超过280亿美元。G20下属的金融稳定理事会（FSB）在10月发布全球稳定币监管高层原则，提出十项原则，要求各国监管稳定币发行和钱包服务商，包括注册许可、风险管理、资金储备等。美国货币监理署（OCC）发布解释信，首度允许联邦银行使用区块链稳定币进行支付结算。这显示美国金融监管开始正面拥抱稳定币创新。中国人民银行也于2020年在多座城市启动数字人民币试点，作为对私人加密货币的官方回应。

· 2021年

稳定币市场突破千亿美元规模，引起监管高层的关注。11月，美国总统金融市场工作组发布关于稳定币的报告，建议国会立法将支付型稳定币发行限定在受监管存款机构，并加强其储备透明度。这一建议体现了美国官方对稳定币采取银行化监管的思路。欧盟理事会与议会就MiCA主要内容达成初步共识，使欧盟朝统一加密资产监管更进一步。中国则在9月全面取缔加密货币“挖矿”和交易，此举等同于禁止在中国境内使用稳定币等一切加密代币。但与此同时，中国大力推广数字人民币钱包应用，以国家数字货币填补空白。Facebook（现名Meta）的Diem项目（原Libra，后更名为Diem）在监管压力下几经调整，最终于年底基本宣告搁浅，标志着最初触发风暴的Libra计划走向终结。

· 2022年

稳定币监管迎来转折之年。5月，TerraUSD（UST）的崩盘促使监管当局加快了行动。欧盟立即在MiCA中增加了对算法型稳定币更严格的限制，明确只有具有真实资产支持的稳定币才能获准发行。10月，欧洲议会委员会通过的MiCA，成为全球首部加密监管法规。在美国，Terra事件后国会两党均提出了稳定币法案草案，内容多要求发行人持有高流动性资产100%的储备金，并接受定期审计。其中一份众议院草案甚至提议两年内禁止发行算法型稳定币，足见美国对Terra式机制的警惕。虽然2022年内美国未能通过联邦立法，但州级的监管措施有所进展，纽约等州加强了对稳定币储备金的审核，以保护用户的赎回权。6月，日本在国会立法，确定了稳定币的法律定义与监管框架，成为全球首批明确稳定币法律地位的国家之一。国际社会层面，FSB在10月发布关于稳定币的监管进展报告，强调各国需填补监管空白，并计划于2023年提出更新的全球稳定币监管建议。

· 2023年

2023年的关键词是“监管落地元年”。4月，欧盟理事会最终批准了MiCA，并预计于2024年起分阶段实施，对稳定币发行人给予过渡期以适应新规。美国监管机构加大了对稳定币的执法力度。2月，SEC向稳定币发行机构Paxos发出法律警示函，认为其发行的Binance USD（BUSD）可能构成未注册证券，因此纽约州金融服务厅下令让Paxos停止发行BUSD。此举导致BUSD的市值迅速缩减，而市场份额则主要流向USDT等其他币。6月，SEC起诉币安和Coinbase等交易所，指控其上市的包括一些稳定币在内的加密资产属于证券，间接对稳定币行业发出警告。美国国会则继续讨论稳定币法案，但因内部党派在联邦与州监管权、CBDC取舍等问题上存在分歧，立法仍未落地。中国香港地区在我国中央政府的支持下公布了虚拟资产新规，并宣布争取在2024年底前建立稳定币监管制度，主动布局稳定币业务。这与内地的严禁形成了对照，也体现出中国利用“一国两制”在数字金融上实行的差异化策略。日本于2023年6月施行修订后的《资金结算法》，正式开放受许可机构发行日元稳定币，同时承认符合等效监管的海外稳定币可在日本流通，为海外稳定币（主要是美元稳定币）进入日本提供了合规路径。

· 2024年

这是全球稳定币监管框架逐渐明晰的一年。欧盟开始按照MiCA受理稳定币发行申请，欧洲多家金融机构计划发行合规欧元稳定币。日本出现首批合规日元稳定币，由信托银行等机构发行，小规模投入实际结算使用。虽然美国国会延宕的稳定币法案在大选年仍悬而未决，但稳定币发行方积极寻求监管机构的临时指导，如Circle等公司会定期公布储备报告，试图以自律保持市场信心。部分新兴经济体开始探索发行本国央行数字货币来应对稳定币挑战，如巴西、印度等都在推进数字货币试点，希望提供本币数字替代以降低民众对美元稳定币的偏好。国际组织方面，IMF发布了关于加密资产影响的新报告，分析外国稳定币大量流入对小国宏观金融的冲击，建议各国完善资本流动管理。FSB在7月公布了强化版全球加密资产监管建议，将稳定币纳入更严格的监管框架并呼吁各国尽快实施。这标志着国际层面已经形成了基本共识，稳定币必须“持牌经营、资产真实、安全透明”，否则就不应允许其大规模发展。

· 2025年

年初，美国政坛的变化推动了立法方面的突破，新一届政府上台后明确表态支持经过监管的稳定币发展，支持美元稳定币创新。7月，美国经两院高票通过的稳定币法案（即《GENIUS法案》）由总统签署生效，为稳定币建立了联邦监管的基础。这一里程碑事件被视为加密行业的重大胜利，也宣告美国与欧盟在稳定币监管上的制度竞赛进入了白热化阶段。中国方面，监管层开始探讨监管稳定币的策略，并在香港进行试点。同时，数字人民币也在继续扩大应用场景，并试图通过与香港快速支付系统联通等方式拓展其跨境使用。欧盟则忙于落实MiCA，对申请牌照的稳定币发行人展开严格审查。欧盟各国主管机关与欧洲银行管理局（EBA）对欧元稳定币项目进行技术审查，确保其符合MiCA要求。

自2019年以来，经过数年的博弈与磨合，稳定币从野蛮生长逐渐走向了强监管约束。全球主要经济体在这一进程中立场各异，竞相在国际舞台上角力。美国寄望借助私人稳定币巩固数字美元霸权，但也不得不完善监管守住金融风险的底线；欧盟抢先制定了规则，以制度优势护航欧元主权并力推国际协作规范；中国严堵私币之路，转而以国家数字货币战略反制美元稳定币的影响；日本在大国夹缝中主动制定规则，力求在创新与安全间取得平衡。稳定币这一新生事物已成为大国金融博弈的重要工具之一。随着各国监管框架趋于明晰和央行数字货币的逐步推出，稳定币生态终将与主权数字货币体系并存竞合。国际社会唯有加强沟通协作，制定统一的高标准规则，方能在享受稳定币金融科技创新红利的同时，将其潜在的风险（对全球金融稳定和货币主权的威胁）降至最低。

第九章

稳定币在中国

虽然加密货币存在种种问题，但是我国并没有放弃在这一方向上的探索。

为了应对未来的国际金融竞争格局，这种选择已经成为一种必然。

第一节 民间对稳定币的探索

稳定币引起了我国民间浓厚的兴趣。在早期，加密货币交易者广泛使用海外稳定币作为交易媒介和价值储存手段。但由于交易依赖未受监管的第三方中介，所以埋下了合规性的风险。稳定币跨境流通便捷且匿名性较强的特点还被部分灰色领域所利用，有不法分子通过稳定币转移资金、逃避传统金融监管，使之沦为赌博、诈骗乃至洗钱的工具。

早期一个著名案例便是“WoToken”骗局。该平台打着数字货币增值理财的旗号，实际采用的却是传销模式。该违法平台在15个月内非法吸收了2.86亿枚泰达币（USDT）等加密资产，总价值约合77.7亿元人民币，造成了极其恶劣的影响。这类事件也在警示着公众，尽管稳定币的币值稳定，但其安全性还需要考量，其背后可能隐藏着金融欺诈等活动。

尽管存在一定的风险，但稳定币独特的功能还是吸引了中国一些大型互联网企业和区块链创业公司的关注，它们纷纷尝试在合规范围内探索稳定币及相关技术的应用路径。从历史上看，中国互联网企业早有开发虚拟代币的实践。在21世纪早期，腾讯公司发行的Q币就以1Q币兑换1元人民币的固定比例流通于QQ生态，用于购买虚拟道具。这种企业代币虽然并不是基于区块链，但在当时已呈现出类似“稳定币”的雏形，也一度引发了监管层的担忧。2007年2月，相关监管部门发文，对网络游戏虚拟货币（如Q币）的发行与流通进行规范，以防止其冲击金融秩序，滋生洗钱等风险。可以说，中国对于具有“稳定价值”数字货币的监管审慎由来已久。

进入区块链时代后，蚂蚁集团和京东集团等科技公司率先在稳定币领域展开探索，不过主要还是选择在监管环境较宽松的香港展开试点。2024年7月，京东集团旗下的京东币链科技（香港）有限公司成为香港金融管理局首批稳定币发行人沙盒测试的参与者，测试场景涵盖跨境支付、投资交易和零售支付等，并计划面向个人和机构推出相关应用。随后，小米集团旗下的天星银行（香港虚拟银行）宣布与京东币链科技（香港）有限公司合作，共同搭建稳定币储备金托管体系，为稳定币发行提供透明、安全的资金支撑。同样在2024年，蚂蚁集团通过其新加坡和中国香港的子公司积极筹备稳定币牌照的申请，并参与了香港金融管理局推出的Ensemble项目沙盒，在跨境贸易结算和真实世界资产代币化（RWA）等创新场景中测试稳定币技术。蚂蚁集团旗下的蚂蚁链还协助内地企业完成了新能源资产的区块链通证化试点，将实体资产上链交易，并探讨以稳定币充当价值流转桥梁。

一些支付服务企业和初创公司也纷纷入局。比如，拥有多张支付牌照的连连数字成立了专项团队研究稳定币项目，计划在中国香港、新加坡等地申请稳定币牌照；香港首批稳定币发行人沙盒名单中还包括由互联网金融创业公司主导的圆币创新科技有限公司，以及传统金融机构渣打银行（香港）有限公司与本地合作方组成的联盟。这些案例表明，中国的民间力量正尝试通过这种方式参与到全球稳定币的创新之中。在内地监管尚未开闸的情况下，中国企业选择在香港推出的监管沙盒中先行先试，一方面积累技术和业务经验，另一方面也为日后政策放宽时赢得先发优势。

腾讯等公司在稳定币方面的布局相对低调，更专注于联盟链技术和配合官方数字货币的研发。腾讯早年通过区块链底层平台（TrustSQL）支持供应链金融等业务场景，并未发行稳定币，而是积极参与到数字人民币的推广试点之中。在数字人民币项目中，包括腾讯财付通、支付宝在内的多家支付平台充当运营机构，将法定数字货币引入日常支付体系。这体现出大型科技企业在我国监管环境下的一种策略选择：以官方主导的数字人民币为核心，谨慎对待私人稳定币。

第二节 稳定币与数字人民币

近年来，“数字人民币”（即中国人民银行发行的法定数字货币）与各种“稳定币”频繁出现在公众的视野当中。虽然它们的名称都暗含了对币值稳定的追求，但在本质功能、发行机制、法律地位和政策目标上还是存在显著的差异，也由此形成了竞合并存的复杂关系。

· 定义与功能：数字法币vs私人代币

数字人民币是由中国人民银行发行的法定货币的数字化形态，简单来说，就是电子版的人民币现金。每1元数字人民币等额计入央行资产负债表上的一项负债，有国家信用作背书，本质上属于流通中现金（M0）的数字形式。因此，数字人民币与纸钞硬币等值，币值由国家主权信用保障，无须通过资产储备来维持价值。

稳定币则是由非央行机构发行的数字代币，其价值锚定某种法定货币或资产。稳定币发行方通过储备等手段使代币价格尽量稳定，从而模拟法币的币值稳定性。然而，主流稳定币并不是由国家信用背书的法定货币，而是一种通过技术手段维持与法币等值的“虚拟货币”。

在功能方面，数字人民币主要侧重服务日常零售支付，充当纸钞的替代品，适用于购物消费、交通出行、生活缴费等高频小额支付场景。截至2025年，数字人民币试点交易笔数已达数亿，但单笔金额仅百元左右，可见其目前的功能定位就是现金替代，便利民生消费，通过“可控匿名”

的特性既保护隐私又便于监管追溯。相比之下，稳定币的主要应用在链上交易和跨境领域。很多投资者利用稳定币充当加密资产的交易媒介，规避银行限制；在跨境汇款中，稳定币依托分布式网络实现了点对点的即时结算，速度远胜传统跨境转账。此外，在某些本币币值不稳的国家，美元稳定币等主流稳定币甚至成为居民钟爱的“硬通货”，替代了当地货币的价值储藏功能。所以，数字人民币主打的是国内法定货币的数字化流通，而稳定币则更像是游走于传统金融体系之外的数字替代工具。

· 发行机制与法律地位：中国人民银行vs私营机构

数字人民币由央行集中管理、双层运营发行。中国人民银行负责总体的发行和回笼，指定“工农中建”等国有银行和支付宝、微信支付等机构作为运营机构，负责兑换和流通服务。数字人民币具备法偿性，任何在中国境内具备收款条件的单位和个人都不得拒收。在法律地位上，数字人民币与现钞同等，皆为中国法定货币的一种形态。

反观稳定币，大多由私营公司或组织在区块链上发行。稳定币并不拥有法定货币地位，也不具备法偿性，其法律属性与人民币存在本质上的区别。特别是在我国，法律明确禁止任何私人机构发行与人民币挂钩的代币作为支付工具，否则将涉嫌非法发行代币票券、扰乱金融秩序，甚至威胁国家货币主权与外汇管理。锚定人民币的所谓“稳定币”在境内的发行和流通，目前依然属于明令禁止的违法行为。即便是在中国境内交易锚定美元等外币的稳定币（如USDT），监管层同样视其为未经批准的虚拟货币交易活动。在中国境内参与此类交易可能面临账户冻结、行政处罚，情节严重者甚至触犯刑法。

因此，从监管视角来看，正如中国人民银行数字货币研究所所长穆长春所强调的，中国人民银行研发的数字人民币既不是比特币那样的加密资产，也不是Libra那样的稳定币。数字人民币无须像私人稳定币那样以资产储备维系信用，因为它本身就是主权货币的数字化延伸。相比之下，像USDT这样的稳定币只是私人发行的虚拟代币，既不受法律保障，也不存在由中国监管当局核准的合法发行主体。唯一由国家信用背书的数字货币只有央行发行的数字人民币，私人机构充其量只能在技术和生态层面参与配合，而无法自行发行合法的数字货币。

· 竞争与互补：政策目标下的博弈

数字人民币和稳定币的关系，既体现为竞争，也潜藏着某种互补的可能，具体要取决于未来的政策目标和监管取向。

从竞争角度看，稳定币的兴起本就被视为对法定货币体系的挑战。无论是早期的比特币，还是后来的Libra等全球性稳定币的设想，都体现出某种“私铸货币”趋势，对国家货币主权形成了潜在的冲击。我国高度重视这一动向，在全球稳定币浪潮中选择了主动应对的方式。数字人民币的推出本身就是回应私人数字货币挑战的重要举措。通过中心化管理的数字法币，央行得以抵御加密资产和全球稳定币对本国货币的侵蚀，防止货币发行权旁落，维护国家主权地位，并保证人民币币值的稳定与安全。换句话说，数字人民币肩负着维护金融主权的使命，其设计初衷之一正是为了封堵私人稳定币可能带来的体系冲击。监管层也明确划定了红线，确保人民币的发行权牢牢掌握在国家手中，而不被任何商业机构或外部加密货币体系削弱。

因此，我国一方面大力推进数字人民币的研发应用，另一方面则对私人稳定币采取了严格限制的态度。这种取向源自多方面的考量。

首先是金融安全与主权方面的考量。如果放任私人稳定币流通，就有可能削弱人民币的地位，甚至出现人民币被边缘化的风险。特别是锚定美元的稳定币大量涌入，会进一步加剧“美元化”，不利于人民币体系稳定。

其次是资本管制与监管有效性方面的考量。稳定币的去中心化、跨境流通特性可使资金绕过传统的外汇管制，从而成为新的资本外逃渠道。假如境内居民能够方便获取人民币稳定币，就可能通过点对点网络将资金转移出境，从而绕开现行资本项目管制。这将会直接削弱货币政策和金融监管的有效性。鉴于此种风险，中国政府对推出在岸人民币稳定币保持了高度审慎的态度。

最后，维护金融体系稳定和投资者保护也是重要考量因素。私人稳定币缺乏存款保险和最后贷方支持，一旦储备资产价值波动导致脱锚甚至挤兑，投资者的权益将难以保障。相比之下，数字人民币作为法定货币，其信用和稳定性更有保障，有助于防范货币体系因无序发展而出现动荡。

尽管官方态度谨慎，但也有一些观察人士提出了稳定币与数字人民币互补的思路。例如，有观点认为，在跨境贸易和人民币国际化层面，可以“双轨并行”发展央行数字货币和人民币稳定币：一方面，深化在岸市场的数字人民币应用，提高数字人民币在更广泛经济活动中的渗透率；另一方面，在离岸市场（如香港）及国内自贸试验区等准离岸环境，尝试由合规机构来发行人民币稳定币，用于境外支付和清算。借助中国大型科技企业的全球业务生态，人民币稳定币或可迅速地找到应用场景，和数字人民币一起拓宽人民币在海外的使用范围，为人民币国际化提供助力。这一思路体现出稳定币在特定领域对数字人民币的潜在补充作用。然而，需要强调的是，这种设想目前仍处于探讨阶段。正如上述分析，我国监管层主要关切点在于防范风险和守住主权底线，因此在实际政策上仍以“数字人民币优先”为基本方向，私人稳定币的发展必须服从于国家战略和监管框架。

第三节　政策与监管层面的演进

我国监管当局对稳定币始终保持着审慎的态度，监管政策也随着市场的发展不断地发生变化。早期阶段，官方主要关注比特币等去中心化加密货币，但稳定币作为新兴事物也在逐步进入监管视野。2017年9月，中国人民银行等七部委发布公告全面取缔代币发行融资并关停国内加密货币交易所，明确虚拟货币不具有法偿地位，禁止金融机构为此类交易提供服务。

2019年，Facebook（现名Meta）拟发行全球稳定币Libra的计划引发了各国监管部门的警觉。我国相关单位当时多次强调金融主权和资本管制的重要性，担心“超主权”稳定币可能会削弱本国货币政策的独立性。可以认为，Libra的出现在某种程度上加速了我国数字人民币研发和推出的步伐——与其允许境外美元稳定币冲击国内市场，不如由央行发行受法律保障的数字法币来满足数字经济下的支付需求。

2020—2021年，我国针对加密资产的监管进一步收紧，稳定币被直接列入法律禁止的范围。2021年9月，中国人民银行等十部委发布了《关于进一步防范和处置虚拟货币交易炒作风险的通知》，以最严格的措辞重申所有虚拟货币相关业务均属于非法金融活动。该通知明确将泰达币（USDT）等稳定币定性为中国法律所禁止的虚拟货币，禁止这些虚拟货币在市场上流通。监管部门强调，任何企业和个人不得将稳定币等虚拟货币作为支付结算工具，不得进行“以币定价”的交易行为。这意味着，无论是比特币还是锚定美元的USDT，在我国境内均被视为非法货币，其发行、交易、兑换行为都被严令禁止。此后，中国公安机关也加大了对利用稳定币从事非法行为的打击力度，如当时的犯罪团伙利用USDT跨境转移电信诈骗资金，被司法机关以洗钱罪论处。监管部门还陆续出台了针对新兴领域的规范文件，如在2022年由中国互联网金融协会、中国银行业协会、中国证券业协会联合发布的《关于防范NFT相关金融风险的倡议》中，就特别要求不得使用比特币、以太币、USDT等加密货币作为NFT交易的计价结算工具。这些举措表明，中国监管层在法律定位上将稳定币与其他加密货币一并视为具有金融风险的资产，依法严格限制其活动，防止其对人民币的法定货币地位和金融稳定造成冲击。

自2022年以来，香港特别行政区在虚拟资产监管方面与内地呈现差异化，开始为稳定币等虚拟货币提供受监管的发展空间。香港于2025年5月21日通过了《稳定币条例》，计划自同年8月起实施稳定币发行牌照制度。对此，内地监管层秉持着“一手探索、一手风控”的态度，一方面密切关注并支持香港的试点，另一方面坚持在内地对稳定币“不松懈、严监管”。这种态度的分化也反映在地方层面。据报道，2025年，上海、无锡、成都等地的官方部门开始组织学习研究稳定币及区块链应用，希望能够提前布局数字金融创新；而北京、深圳等地的金融监管部门则在同期多次发布风险提示，警示社会公众提防打着“稳定币”“DeFi”旗号的非法集资活动。深圳市地方金融监管部门在2025年7月发布公告称，一些不法机构借“稳定币”之名行骗局之实，利用其跨境和匿名特性吸收公众资金，涉及非法集资、赌博诈骗等违法行为，并提醒投资者不要上当受骗。可见，在国内监管框架正式落地之前，稳定币在我国仍被视为高风险领域，各级监管机构以维护金融安全为首要目标，始终保持高度警惕。

据此，我国对待稳定币的监管基调可以概括为：短期以风险防范为主，长期保留政策探索空间。有专家指出，目前我国对稳定币的发行、交易与流通仍实施管控，但并未完全“关死”未来的大门，在中长期层面为合规创新预留了可能性。这种谨慎观望的策略，与中国推进数字人民币、数字金融改革的大局相吻合。中国人民银行行长潘功胜公开表示，在新兴技术的推动下，央行数字货币和稳定币蓬勃发展，实现了“支付即结算”，虽然大幅提升了跨境支付效率，但同时对金融监管提出了巨大的挑战。我国监管层深知稳定币在支付领域潜藏的变革力量，却也担忧其对资本管制和金融安全的影响，因此在政策演进上始终保持审慎平衡——既防止冒进引发风险，又不排斥在可控环境下汲取有益的创新经验。

第四节　未来展望

截至目前，尽管稳定币在我国仍受限，但并不意味着中国将缺席这一领域。相反，我国正通过间接参与和国际协作，积极为未来规则制定和市场演变施加影响。

一方面，中国企业借助香港等地的监管创新参与稳定币试验，香港金融监管机构也表示将在《稳定币条例》生效后加紧处理牌照申请，允许符合资格的机构开展业务。内地与香港将加强跨境监管协作，共同防范监管套利以及跨境违规风险。法律专家提醒企业需关注内地与香港监管衔接，避免因两地规则差异而触碰红线。未来不排除内地参考香港经验，在风险可控的前提下逐步探索锚定人民币的稳定币试点。也有资深学者建议，可在严守监管底线的前提下，考虑依托香港离岸市场发行离岸人民币稳定币，以服务实体贸易和人民币国际化需求。当然，要实现这一构想仍面临着诸多挑战，包括法律定性、监管沙盒测试、跨境资金流动监测等复杂问题。

另一方面，我国正投入资源参与到国际稳定币监管规则的讨论与制定之中。中国人民银行前副行长、现任IMF副总裁李波强调，各国对稳定币的监管路径仍在摸索之中，诸如“稳定币是货币还是金融资产”以及“若视同货币应归属M0还是M2”等核心问题尚未达成共识，需要在反洗钱等配套机制上建立全球统一标准。这意味着中国有机会在G20、金融稳定理事会等多边框架下为稳定币监管贡献“中国方案”。事实上，中国监管部门和专家已多次在国际场合表态，倡议强化跨境合作，填补稳定币在监管层面和法律层面的空白。尤其是针对稳定币可能侵蚀法币主权的问题，我国主张通过推进本国央行数字货币来提供替代方案。有分析指出，截至2025年7月，全球99%以上的法定货币稳定币都与美元挂钩，某种程度上，稳定币在跨境支付中强化了美元的主导地位。为了应对这一态势，必须加快数字人民币在跨境场景中的应用，实现对国际稳定币市场的正面参与和竞争。这种思路也反映出中国的长远策略：以数字人民币国际化作为应对稳定币挑战的“王牌”，在确保国家金融安全的前提下逐步提升人民币在数字时代的国际影响力。

展望未来，稳定币在中国的发展可能会呈现出在政策引导下稳步推进的态势。短期内，监管层仍将对任何未经许可的稳定币活动保持高压，继续将稳定币纳入反洗钱和风险防控体系，以保护普通民众免受投机炒作和诈骗侵害。从中长期来看，随着国际监管标准趋于明晰，中国有望在合适的时机调整自身政策，在安全可控的沙盒环境中拓展合规稳定币的应用场景。届时，市场技术路径与政策法规的协调将成为关键点。企业需强化合规意识，遵循监管要求，开展创新业务；监管机构也将积累更多实践经验，完善法律定位和监管工具。

在跨境贸易、供应链金融等领域，稳定币具有提高结算效率、降低成本的潜力，一些试点城市已经萌生出将数字人民币与稳定币结合应用的想法。如果未来政策条件成熟，那么我们或许会看到官方数字货币与民间稳定币双轨并进、互补发展的局面——官方数字人民币保障主权信用，民间合规稳定币推动技术创新，两者共同服务实体经济和大众生活。在国际舞台上，中国也有望通过参与制定稳定币监管的“游戏规则”，为全球金融体系注入更多稳定性和确定性。

稳定币在中国的发展是一条在探索中前行的道路。民间和企业的创新实践此起彼伏，监管层的态度和政策亦在不断变化。对读者而言，我们正在见证的是技术与金融交织下的新一轮变革的尝试，中国既有对新生事物的审慎克制，也有顺应数字潮流的积极求变。在可以预见的未来里，稳定币及相关技术在中国究竟会走向何方，将取决于风险与创新之间的微妙平衡。这场数字金融的“稳健”之旅，值得我们持续关注和思考。

参考文献

[1]菲利克斯·马汀.货币野史[M].邓峰，译.北京：中信出版社，2014.

[2]戴维·欧瑞尔，罗曼·克鲁帕提.人类货币史[M].朱婧，译.北京：中信出版社，2017.

[3]何平.传统中国的货币与财政[M].北京：人民出版社，2019.

[4]谢平，石午光.数字货币新论[M].北京：中国人民大学出版社，2019.

[5]吴雨.中国古文化遗址[M].北京：中国商业出版社，2022.

[6]段渝.南方丝绸之路与欧亚古代文明[M].成都：四川人民出版社，2023.

[7]王剑.王剑讲银行业：基本逻辑与分析方法[M].北京：机械工业出版社，2021.

[8]后晓荣.给孩子的博物文化课：神奇的货币[M].北京：中国纺织出版社有限公司，2019.

[9]胡海鸥，贾德奎.货币理论与货币政策[M].上海：格致出版社，上海人民出版社，2012.

[10]李晶.数字货币与日常生活[M].上海：上海人民出版社，2021.

[11]徐瑾.白银帝国：一部新的中国货币史[M].上海：上海人民出版社，2023.

[12]鲍展斌，沈雯.货币中的哲理故事[M].杭州：浙江工商大学出版社，2022.

[13]杨光.货币的真相：货币规则如何改变你的生活[M].北京：中国纺

织出版社有限公司，2021.

[14]白津夫，葛红玲.央行数字货币：理论、实践与影响[M].北京：中信出版社，2021.

[15]黄宪，江春，赵何敏，等.货币金融学[M].武汉：武汉大学出版社，2002.

[16]王德迅，张金杰.国际货币基金组织[M].北京：社会科学文献出版社，2004.

[17]黄芳泉.简明货币银行学[M].武汉：华中工学院出版社，1983.

[18]范从来，姜宁.货币银行学[M].2版.南京：南京大学出版社，2000.

[19]胡海鸥.货币理论与货币政策[M].上海：上海人民出版社，2004.

[20]王文成.宋代白银货币化研究[M].昆明：云南大学出版社，2001.

[21]黄强.货币政策与中国的经济增长[M].西安：陕西人民出版社，1994.

[22]姚朔民.中国货币通史：第1卷[M].长沙：湖南人民出版社，2018.

[23]董广宇.货币原本[M].上海：上海财经大学出版社，2016.

[24]吴树国.民之通货：历代货币流变[M].长春：长春出版社，2005.

[25]范从来.通货紧缩时期货币政策研究[M].南京：南京大学出版社，2001.

[26]胡海鸥.中国货币供给机制转轨研究[M].上海：复旦大学出版社，1998.

[27]夏兴园，洪正华.财政政策与货币政策效应研究[M].北京：中国财政经济出版社，2002.

[28]范从来.中国货币政策：目标与转型[M].南京：南京大学出版社，2020.

[29]黄敏，马颖.货币银行学[M].武汉：武汉大学出版社，1990.

[30]刘明晶，刘政权.数字化货币[M].深圳：海天出版社，1999.

[31]赵家敏.电子货币[M].广州：广东经济出版社，1999.

[32]郑兰祥.现代货币银行学[M].北京：中国商业出版社，2001.

[33]杨力，等.国际货币经济学[M].上海：上海外语教育出版社，2008.

[34]周文贵，肖鹞飞.国际货币制度论[M].广州：中山大学出版社，2003.

[35]甘小军.货币中性与非中性理论的演变[M].北京：中国商务出版社，2018.

[36]胡海鸥，祝小兵，周延军.当代货币金融理论[M].上海：复旦大学出版社，2000.

[37]冯彦明.中国式现代化与中国金融的现代化问题研究：兼谈建设金融强国之路[J].天津商业大学学报，2025，45（4）：3-13.

[38]刘金全，杨光，陈润东.内外部经济不确定性与宏观经济政策应对：来自全球31个国家的经验证据[J].南方经济，2025（7）：31-54.

[39]孔东菊，李烟昕.数据资产出资入股：理论证成、现实困境与突破路径[J].南方金融，2025（4）：63-75.

[40]赵靓."一带一路"背景下人民币国际化探讨[J].中国市场，2025（21）：1-4.

[41]吴旭平，张丹丹.历史性与体系性的折衷：论默里的社会形式辩证法及其理论限度[J].哲学动态，2025（7）：30-45.

[42]孟添，欧阳文杰，施亚东，等.稳定币基础设施化：中国路径、挑战与全球治理角色[J/OL].上海商学院学报，2025：1-17[2025-08-15].https://link.cnki.net/urlid/31.1957.F.20250723.1353.002.

[43]陆岷峰，孟添，欧阳文杰，等.数字人民币时代下的我国稳定币发展策略：构建风险防控、价值锚定与跨境支付新体系[J].农村金融研究，

2025（7）：3-15.

[44]张龙，张伟琦.货币政策跨周期调控时度效：事实解析、动态关联与模拟检验[J].金融经济学研究，2025，40（4）：3-18.

[45]姜锡东.宋代的“钱斗”[J/OL].河北大学学报(哲学社会科学版)，2025：1-17[2025-08-15].https://link.cnki.net/urlid/13.1027.c.20250721.1710.010.

[46]金春雨，刘鹏宇.稳经济目标下中国双支柱政策的协调配合策略[J/OL].当代经济科学，2025：1-16[2025-08-15].https://link.cnki.net/urlid/61.1400.F.20250721.1226.002.

[47]周莉萍.全球数字资产监管逻辑分析：基于欧美监管法案[J].南京理工大学学报（社会科学版），2025，38（4）：52-61.

[48]郝芮琳，陈享光.金融支持就业的政治经济学考察：区分货币与货币资本的分析[J].政治经济学季刊，2025，4（2）：1-21.

[49]纪格非，文多.论涉案虚拟货币的处置程序[J/OL].哈尔滨工业大学学报(社会科学版)，2025(4):63-70[2025-08-15].https://doi.org/10.16822/j.cnki.hitskb.2025.04.007.

[50]陶然，蒋武.迈向数字货币治理秩序：CBDC跨境监管困境与制度性路径重构[J/OL].重庆文理学院学报(社会科学版)，2025：1-13[2025-08-15].https://link.cnki.net/urlid/50.1182.C.20250716.1901.004.

[51]李秀辉.古希腊称量白银的货币功能与历史影响[J].求索，2025（4）：132-142.

[52]石涛，于元华.稳定币对人民币国际化的潜在影响[J/OL].克拉玛依学刊，2025：1-11[2025-08-15].https://link.cnki.net/urlid/65.1285.c.20250716.0850.002.